# 論語に学ぶ教師力

杉江雅彦・著

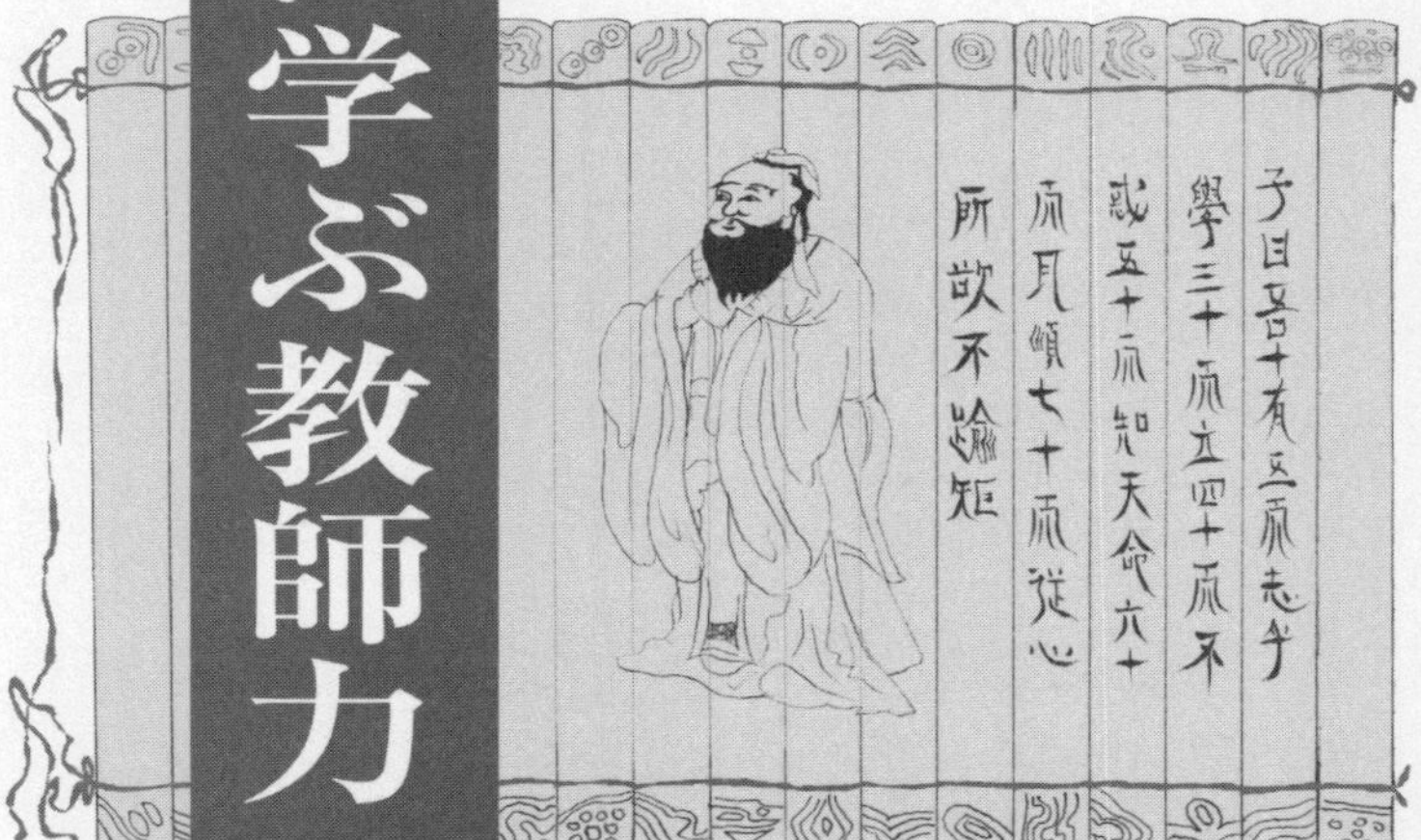


萌書房

# まえがき

まず、本書の題名を『論語に学ぶ教師力』とした理由であるが、読者をとくに学校の教師が中心の教育関係者に限定しているわけではない。広く多くの人に読んでほしいと願っている。このことをまず最初に言っておきたい。しかし私はこの十年ほどの間、奈良市の教育委員を続けていて、学校現場に行くことも多く、そこで校長や教頭をはじめとする教員に会う機会が数かずあった。また教育委員会事務局にも学校から出向している指導主事が大勢いるので、教員社会という官公庁や一般企業とはかなり違った独特の世界を垣間見ることができた。

どこが、どう違うかと言えば、学校という職場には一部の事務職員や給食担当者を除けば、教師（教育専門職）という一種類の人間しかいないという一語に尽きる。これがたとえば会社であると、営業、経理、企画などの担当者、そして技術者や工場労働者というように、職場によって異なった職種の人間が働いており、それが定期的（もしくは不定期の）人事異動によって、一部を除き勤務形態が変化する。それが学校にはない。ただあるのは、子どもたちに教える学科目の違いだけだ（もっとも小学校の場合は、一人の教員がほとんど全科目をカバーしているが）。また公立学校であれば数年ごとに転勤があるが、どこの学校に移っても教える相手が変わるだけでやることは同じである。しかもほとんどの場合、毎年同じ教科書を使って教えるのであるから、よほど前向きの姿勢を維持していないと、マンネリズムに陥ってしまわないとも限らない。そこで私は、教師にもっと教師力を高めてほしいと考えるようになった。

それでは教師力とは何か。それを説明しておかなければなるまい。私が考える教師力とは、第一に子どもたちに教える際の指導力、第二に教員世界を含め子どもの親や地域社会に対する説得力と協調性、そして第三に教育にかける情熱、使命感などの精神力である。それなら何故、教師力を高めるために『論語』が必要なのかという疑問が出てくると思うが、それは、私に言わせれば『論語』に収録されている孔子の教え（弟子や為政者との対話）や行動が、教師力の涵養に役立つと信じているからに外ならない。

孔子といえば、中国を中心に主として東アジアに根を張った儒教の創始者として知られている。孔子が生き、活躍したのは中国春秋時代の末期、すなわちいまから二千五百年ほど前であるが、『論語』は孔子の死後二百五十年くらいの間に編纂された、孔子とその直弟子たちの言行録と言える書物である。さらに後世になると、孔子は大聖人として崇められるようになり、その生涯や行動もかなり粉飾されて伝えられたが、『論語』に現れる孔子の言動を知る限り、孔子は知の巨人ではあったが決して大聖人ではなかった。

孔子は人に教えることにかけては天才的な才能を持っており、弟子たちの一人ひとりに最適な教え方をした。それも、たんに知識を与えるだけでなく、人間としての生き方を熱心に教えこんだ。私が『論語』を読むことによって教師力を高めることができると確信したのは、まずこの点である。また孔子は、人に教えることに熱心であったと同時に、自ら学ぶ心を絶えず持ち続けていた。私が「学びは人生の原点」というタイトルの節を本書の冒頭に置いたのもそのためである。

もう一点、教員が『論語』を読むことによって教師力を高めることができると考えたのは、孔子が師弟の関係を大事に扱ったからである。孔子は理想主義者であった。絶えず正しい政治のあり方についても理想を掲げ、それを為政者に説いて飽くことがなかった。しかしそれも屢《しばしば》挫折を経験し、成功したことは孔子の生涯を通してほとんどなかった。五十歳代半ばになって故郷の魯を離れ、十四年間にも及ぶ亡命放浪生活を余儀なくされたのは、孔子にとって生涯最大の挫折であったが、それでも、何人かの弟子たちは孔子と行をともにして、離れ去ることはなかった。師弟の絆はいささかも揺るがなかったのである。この間の孔子と弟子たちの言行は、『論語』の中でもひときわ精彩を放っているように感じられる。私は、教育に携わる人には是非、『論語』から師弟の絆の重要性を学び取ってほしいと願う。

本書は主として教職にある人に読んでもらうことを主眼に書き下したが、冒頭にも記したように広く一般の読者にも興味を持って読み進んでもらえるように、次のような五部構成にした。

第一部　学ぶことの楽しさを知る
第二部　教えることは教師の使命である
第三部　上手に社会とつき合おう
第四部　よき指導者になろう

まえがき

第五部　自らを磨き高める

本書は『論語』約五百章の中から約百三十章をピックアップして、それぞれに私なりのコメントや感想を述べるという構成になっている。しかし、何しろ私自身は論語や中国思想の専門家ではないため、数多くの『論語』の注釈書や解説書を参考にしながら、読み下し文と現代語訳をつけた。巻末にそれらの参考文献一覧を載せてあるが、なかでも吉川幸次郎、金谷治、加地伸行、村山孚の諸氏の労作を引用させてもらったり、参照させていただいたことに感謝しておきたい。それでも、誤った解釈をしているとすれば、もちろんそれは私自身の責任である。

二〇一一年九月

杉江雅彦

# 論語に学ぶ教師力◎目次

# 目　　次

目　次



## 第三部　上手に社会とつき合おう

## 第四部　よき指導者になろう

## 第五部　自らを磨き高める

目　次

# 論語に学ぶ教師力

# 第一部　学ぶことの楽しさを知る

# 1　学びは人生の原点

学ぶことは人が人生を歩むうえで、まず行わなければならない営みの原点である。他人に教えるという行為も自分が学んではじめて可能になる。第一部では、『論語』の中に出てくる孔子の教えと、それに対する弟子たちの反応などを中心に、学ぶことの意義を汲み取っていきたい。まず紹介したいのが次の章である。

子《し》曰く、学びて時に之を習《なら》う。亦《ま》た説《よろこ》ばしからずや。朋《とも》有り遠方より来る。亦た楽しからずや。人知らずして慍《いか》らず。亦た君子《くんし》ならずや（学而《がくじ》篇）

先生がおっしゃるには、学んだことを必要な時に繰り返して復習する。これは何と愉快なことではないか。また、友達が遠くから訪ねてきてくれる。これも懐しく楽しいことではないか。しかし、自分の能力が人から認められるとは限らない。それでも腹を立てない。それが教養人というものだよ。

これは『論語』の冒頭の文章である。これを読んだだけでも、『論語』の全体の内容が見通せるくらい大事な章である。ここには孔子の基本的な姿勢が明確に現れていると言ってよいだろう。この章が「小論語」と言われる理由がそこにある。『論語』は孔子の言行録を中心に弟子たちとの対話が後のちまで語り継がれて少しずつまとまり、おおよその体系ができ上がったのは、孔子の死後二百年以上も経ってからのことである。『論語』の多くの章は「子曰く」で始まっているが、この「子」とは当然ながら孔子を指している。本書ではすべて子のことを先生と訳しておいたが、解説書の中には老先生と訳しているものもある。いずれにしても、孔子の言葉を弟子たちや孫弟子たちが口伝えしたものであることに変わりはない。

それでは文章の内容に入るが、学習塾とか学習参考書などに使われている学習という言葉は、「学びて時に之を習う」という文章から生まれた。このほか、こんにちわが国で通用している熟語や成句の中には、『論語』を出所としているものが少なくない。それは、『論語』が古代から日本に紹介され、主に為政者や学者の間で読まれてきたという事実からも理解することができよう。また「時に」というのは時どきという意味ではなく、必要な場合に繰り返して、という意味に解釈すべきである。つまり、学ぶことと習うこととは連続した一連の行動なのだ。それこそが文字通り「学習」なのである。もちろん、学んだらそれでおしまい、であってはならない。

「朋有り遠方より来る。亦た楽しからずや」は、私が最も愛する文章のひとつである。恐らく孔子としては、学問好きの友人が遠くから訪ねてきて、それこそ学問についてお互いに忌憚のない会話を交わす楽しみを言っているのであろう。しかし、学友でなくてもよいではないか。私など、酒好きの友人が旨い肴でもぶら下げてわが家を訪れてくれれば、それこそ夜を徹してでも語り尽くし、飲み尽くしたい気分になる。そう言えば、李白の「山中にて幽人と対酌す」という詩の冒頭の一句が、わが心境にぴったりである。冒頭から飲酒の詩を持ち出すのは不謹慎かも知れないが。

両人対酌して山花開く　一杯　一杯　また一杯

さて、その次の「人知らずして慍らず」であるが、『論語』には孔子の次のような言葉もあるので、ここで合わせて紹介しておきたい。

子曰く、位《くらい》無きを患《うれ》えず、立つ所以《ゆえん》を患う。己《おのれ》を知ること莫《な》きを患えず、知らるべきことを為すを求む（里仁《りじん》篇）

先生の教え。自分に地位が無いことを嘆かない。地位を得るだけの力量が無いことを嘆くだけである。自分の能力を認めてくれる人がいないことを悩むのではなく、逆に人から認められるよう努力することを心掛けよ。

これは、どこかのしかるべき国の官僚に仕官したいと悩んでいる弟子たちに、孔子が与えた助言だったに違いない。孔子の弟子たちの中では、学問すること自体に喜びを求める者はむしろ少なく、多くはしかるべきポストに就きたいと願って孔子学園の門を叩いていたからである。これと同じような悩みは、現代社会にも共通する切実な問題である。孔子は、悩んだり嘆いたりする暇があるなら、たゆみなく自己研修に励むことだと教えてくれる。そうすれば自ずとチャンスが生まれるとも言外に言っている気がする。

もっとも、学校という組織は校長と教頭を除けばほとんどフラットな組織であるため、少しでもあくせくして出世しようというモティベーションが働かないのかも知れない。しかしそれは心得違いというものである。子どもたちに教えるにしても、持てる知識は多いに越したことがないし、何よりも人間性という魅力を身につけることが、教師にとって重要なポイントだと考えるからである。

さて、はじめに戻って、その章末にある「亦た君子ならずや」の君子という意味について補足しておきたい。『論語』の中には君子についての記述が山ほど出てくるが、もともと君子とは王侯や貴族を指していた。それが次第に上に立つ人、上に立つにふさわしい人、リーダー、人格者、教養人、紳士などを表わすようになった。『論語』の中ではその都度、さまざまな使い方をされている。述而篇《じゅつじ》にはこんな章もある。「子曰く、君子は坦《たん》として蕩蕩《とうとう》、小人《しょうじん》は長《とこし》えに戚戚《せきせき》」（先生の教え。人格者はおだやかでのびのびしている。小人はいつもこせこせしている）。小人とはつまらない者、小ものという意味がある。君子のことは、この後いくつも出てくるので憶えておいてほしい。

## 2　学ぶ力は好奇心から

ここでは温故知新という、よく知られた熟語にもなっている言葉を中心に考えよう。この言葉との関連で、〝孔子十哲〟の一人である弟子の子夏の言葉も合わせて吟味したい。

子曰く、故《ふる》きを温《たず》ねて新しきを知る。以《もっ》て師《し》と為《な》すべし（為政《いせい》篇）

先生が言われた。過去のことを探求してそこから現在の問題を認識する。それでこそ人の師となる資格がある。

ここで言う「温故」の温とは、肉をとろ火で煮詰めてスープを取ることだと言われる。孔子は、過去の歴史をスープを煮詰めるようにして知識や知恵を抽出し、それを現実の問題に応用するやり方をしてこそ、人に教える資格ができるのだと教える。いまでも日本舞踊などで温習会《おんしゅう》という制度があるが、これも過去から蓄積されたその流派の踊りをもとに新しい創作や工夫を加えて発表するから、一種の温故知新と言えるだろう。

温故知新を改革とか革新の視点から捉えると、まず過去を重視してそこから得た知識で現在を分析しそれを改革につなげる、あるいは現在の課題に重点を置き過去の事象をそれに役立てる、さらには過去と現在とを並列して比較検討するなど、いくつかの方法があると思われるが、そのいずれの場合も、過去と現在の認識を通して未来につなぐという点で共通している。

この章と関連して紹介しておきたいのが、子夏の言葉と言われる次の章である。

子夏曰く、日に其の亡《な》き所を知り、月に其の能《よ》くする所を忘るなきは、学を好むと謂うべきのみ
（子張《しちょう》篇）

毎日、自分に欠けている新知識を知ろうとし、月づき、身につけた能力を忘れないように努力する者は、学問を好む者と言えるだろう。

皇侃《おうがん》という六世紀半ばの儒者で、『論語』の註釈に新解釈を加えている人が、前の章とこの章とを合致させて面白い説を述べている。すなわち前章の「故きを温ね」と今章の「月に其の能くする所を忘るなき」とが照応し、また前章の「新しきを知る」がこの章の「日に其の亡き所を知る」と照応している

ということである。これを現代語に直すと、「過去のことを探求して身につけた能力を忘れないようにし」「現在の課題を認識して自分に欠けている新知識を知ろうとする」となる。なかなかに興味ある解釈と言えよう。

そう言えば、この章では子夏の言葉とされているが、一説にはこれも孔子の言葉だとする主張もある。いずれにしてもこの二つの章は、記憶力と探求心を交互に出し合う努力を続けることが総合されて、「学ぶ力」になると教えているのだと、私は解釈している。「学ぶ力」とは「好奇心」のことだとも思う。

ここで、子夏のことについて述べておきたい。孔子の弟子は三千人いたと司馬遷の『史記』に記述があるが、これは中国式の誇張した表現で、孔子には沢山の弟子がいたと理解すればよい。もっとも、孫弟子や曽孫弟子も入れたらそのくらいの数になったかも知れないが。十四年にも及んだ長い孔子の亡命生活に随行した直弟子を中心に、いわゆる〝孔子の十哲〟と称される弟子たちがいて、『論語』の中にもしばしば登場するが、子夏もその中の一人である。

子夏は孔子より四十四歳若かった（一説には三十四歳）というから、孔子晩年の弟子である。孔子の没後に魏の文侯の師となり、孔子の有力な後継者の一人として勢いを広げたと伝えられている。子夏は師の孔子から「文学には子游、子夏」と、その才能を認められていた。ここで文学というのは、いまで言うところの文学ではなく、孔子がえらんだ「六経」つまり六種類の古典書のことで、子夏はその注釈にすぐれた功績を上げた。子夏は孔子の弟子たちの中でも学問を好む弟子だったのである。

このように子夏はもっぱら学問の人であったが、次のような言葉も『論語』に載せられている。これを読めば、子夏は必ずしも学問だけを重んじたカチカチの書斎人ではなく、孔子の教えの基本にある実践の人でもあったことがわかる。

子夏曰く、賢《けん》を賢として色に易《か》え、父母に事《つか》えて能《よ》く其の力を竭《つ》くし、君《きみ》に事えて能く其の身を致《いた》し、朋友《ほうゆう》と交わるに言いて信有らば、未《い》まだ学ばずと曰《い》うと雖《いえど》も、吾《わ》れは必ず之《こ》れを学びたりと謂わん（学而篇）

子夏が言った。才能にすぐれた人を尊敬することあたかも美人を尊重するようであり、父母や主君に対しては身命を捧げて奉仕する。また友人との交際では発言に気をつけて誠実に交わる。このようなことが実践できる人物なら、たとえまだ学問はしていないと言っても、私は必ず学問ができていると評価しよう。

謹厳実直な子夏にしてこの言葉ありという印象を持って、私はいつもこの章を読んでいる。いつ子夏がこう言ったのかは不明であるが、恐らく孔子がこれを聞けば、「商（子夏の名）や及ばず」とは言わなかったに違いない。なおこの点に関しては、第二部9「過ぎたるは及ばざるがごとし」でくわしくふれている。

# 3　学者と貧乏

孔子は本を読むだけの学問を重視する偏狭な人ではなかった。そのことは次の章を読めばよくわかる。先の子夏の言葉と合わせて、ここでも続けて考えてみたい。

子曰く、君子は食飽《あ》くを求むること無く、居安《きょやす》きを求むること無し。事《こと》に敏《びん》にして言《げん》に慎《つつし》む。有《ゆう》道《どう》に就いて正す。学を好むと謂《い》う可きのみ（学而篇）

先生がおっしゃるには、教養のある人は食事の際、美食を腹いっぱい食べることを求めず、住居についても心地よい邸宅には住みたがらない。行動する時は敏捷であり、言葉も慎重にえらぶ。しかも、すぐれた人格者からの批判を聞いて自らを正す。こういう人物こそ学問を好む者（好学の士）と言ってよいだろう。

私が子どもの頃、両親から「清貧に甘んじ……」という言葉をよく聞かされた。私の家庭は決して裕福ではなかったので、両親はその言い訳にこのような言葉を子どもたちに聞かせたかったのかも知れないと、いまでは思ったりもする。私の場合は、自らえらんで学問を生活の糧にする道をえらんだのだから、裕福な生活を送りたいとか、財産を貯めたいといった欲望はなかった。同級生の中には大企業の役員になって、私の三倍以上の給料をもらっていた者もいたし、ベンチャービジネスを起業して巨億の資産を得た友人もいた。それでも私は、彼らが羨ましいと感じたことはない。学問の道を生きることは富貴とは無関係だ、と割り切ることができたからである。

しかし現代社会では、孔子が言う「食飽くを求むること無く、居安きを求むること無し」といった生き方が、一般的には通用しないのも事実である。しかも孔子は、学問の道を志す者だけにこのことを要求するのではなく、君子すなわち組織のリーダーや教養人に向けても言っているのである。そう考えると、この章自体が現代には合致しない死語だ、との批判も万更当たっていないわけではない。しかし、孔子が生きた時代はいまから二千五百年も昔のことであり、その当時としては孔子の言葉に聞く耳を持つ人も少なくなかったに違いない。

裕福と貧乏、富者と貧者について孔子自身の考え方を現した文章は、『論語』においてはきわめて少ない。しかし次に掲げる二つの章を読むと、孔子のストイックな処世のあり方がよくわかる。

子曰く、疏食《そし》を飯《く》らい水を飲み、肱《ひじ》を曲《ま》げて之《こ》れを枕とす。楽しみ亦《ま》た其の中に在り。不義《ふぎ》にして富み且《か》つ貴《とうと》きは我れに於いて浮雲の如し（述而篇）

先生が言われた。粗末な食事を食べて飲みものは水だけ。肱を曲げて枕として寝る。そのような質素な生活の中にも楽しみがある。不当な方法で得た財産や高い地位は私にとっては浮雲のようなもので、何の関係もない。

子曰く、士、道に志して而も悪衣悪食を恥ずる者は、未《いま》だ与《とも》に議《はか》るに足らざるなり（里仁篇）

志を立てその道に進もうとする者で、粗末な服や貧弱な食事を恥じるような者とは、ともに語る気にはなれない。

そこまで言うか孔子先生、という感想を抱くのは私だけではあるまい。それにしても、現代のわが国社会では学ぼうとすると途轍もなくカネがかかる。有名進学校を経て一流大学に進もうとすると、幼稚園に入る前から学習塾や家庭教師について勉強しないと間に合わない、とさえ言われているほどである。親にそれに耐えるだけの経済力がなければ子どもの希望は達せられないというのは、日本も不幸な国になってしまったものだ。

たとえば東大合格者の中には、かなりの比率で親が大企業のエリート社員かキャリア官僚の子女がいるという話を聞いたことがある。ひと昔前のことだが、駒場の古汚い学生寮では地方出身の貧しい学生たちが、貧弱な食事に不平もこぼさずひたすら学業に精出している姿を、私も垣間見たことがあった。近年、少子化が進み一人っ子家庭も多くなったせいか、親は子どもの教育に殊の外カネをかける傾向がある。それができる家庭はよいが、すべての親が子どもの教育費を捻出できているわけではない。スウェーデンなど北欧諸国のように、小学校から大学まで授業料無償化という制度が確立していればよいが、わが国のように財政悪化が著しい国では、高校の授業料無償化でさえもその財源の確保に苦慮している現状がある。

話が少し横道にそれたが、二千五百年前の孔子の時代には王侯・貴族の子女はともかく、一般の人たちの間では「学ぶ」という習慣がなかったし、また学ぶ学校もなかった。したがって孔子が言うように、たとえ古典を精読するなど力を入れて勉強したとしても、それを実際に役立てる機会がなく、ましてそれによって（学問をして）生計を立てることも容易ではなかった。それでは何を目的に学ぼうとするのか。たとえば孔子の許に通って学んでいる若者たちの中には、国主や重臣に仕えてその官僚になることをのぞむ者が多かったと想像される。そういう官職に就くことができれば、富貴の道には近づけないかも知れないが、少なくとも普通以上の生活は保障されるからである。

しかし、孔子の愛弟子である顔回（淵）だけは他と違っていた。彼はひたすら師の教えを忠実に守り、そこからさらに前進させることに短い一生を捧げ通した。

# 4　師弟の関係

哀公問ふ、弟子《ていし》孰《たれ》か学を好むと為す。孔子対《こた》へて曰く、顔回なる者有り、学を好む。怒りを遷《うつ》さず、過ちを弐《ふた》たびせず。不幸、短命にして死せり。今や則《すなわ》ち亡《な》し。未《いま》だ学を好む者を聞かざる也（雍也《ようや》篇）

魯の国主である哀公が先生に問われた。「先生の弟子の中で最も学問が好きなのは誰か」。孔子はこれに答えて言った。「顔回という者がおりました。この者が学問を好みました。彼は怒りを他人に移すような八つ当りをしませんでした。また同じ過ちを再び繰り返すこともありませんでした。しかし不幸にして、短命で死にました。いまはこの世におりません。彼の死後、顔回ほど学問好きな者がいると聞いたことがありません」。

顔回（顔淵とも言う）が死んだのは、孔子が七十一歳の時だというのが通説であるから、この哀公と孔子との会話は顔回の死後間もない頃のものであったと想像される。孔子の弟子には顔回以外にも好学の士がいなかったわけではあるまい。それにもかかわらず、孔子は哀公の問いかけに対して、淀みなく顔回の名前を挙げた。それほど、孔子にとって顔回は掛け替えのない存在だったのである。

自分の教え子のことを聞かれて、咄嗟に特定の人間の名前が口を突いて出てくるのはよほどのことである。長年、教師を続けて一千名余の教え子を社会に送り出してきた私には、哀公と同じような質問を浴びて即座にある個人名を答える自信はない。教師なら誰もがこのような経験を持っているに違いない。しかし孔子は、ずばり顔回の名を挙げて憚らなかった。

それでは、孔子は顔回のどこを評価し、愛していたのだろうか。そのことを示す証拠を、ここで二章挙げておきたい。そのひとつは、顔回が絶えず真理の探求に余念がなかったことを孔子が評価したものであり、他のひとつは、顔回が貧乏してはいても学問の道をきわめることに楽しみを感じていたことを賞嘆したものである。

子、顔淵を謂《い》いて曰く、惜しいかな。吾れ其の道の進むのを見るなり。未まだ其の止まるを見ざるなり（子罕《しかん》篇）

先生が顔淵を回想して言われた。（彼の若死には）残念なことであった。私は彼の学問が日に日に進歩していくのをこの目で見てきた。しかし、その進歩が止まるのを見たことがなかった。

子曰く、賢なるかな回や。一箪《たん》の食《し》、一瓢《ぴょう》の飲《いん》、陋巷《ろうこう》に在り。人は其の憂いに堪えざらんも、回や其の楽しみを改めず。賢なるかな回や（雍也篇）

先生が言われた。えらいね顔回は。一汁一菜よりも粗末な食事で済ませ、狭い路地裏に住んでいる。ふつうの人ならとてもその辛さに耐え切れないだろうが、顔回はその中で（学問する）楽しみを大切にしている。えらいね顔回は。

顔回が貧困の極にありながら、なおそのような生活環境の中でも学問を続けていることに、孔子が驚嘆しつつ賛美している様子が、この文章から手に取るように見えてくる。文の始めと終わりに「賢なるかな回や」を二度も重ねているところに、孔子のこの愛弟子に対する並々ならぬ愛着ぶりが鮮明に現れているようで、私の好きな章のひとつである。

師のこのような評価に対して、弟子である顔回はどのような目で孔子を見ていたのであろうか。そのことに興味を持って『論語』のページをあちこちめくっていると、次のような文章が目に止まったので紹介しておこう。

顔淵、喟然《きぜん》として嘆《たん》じて曰く、之れを仰《あお》げば弥《いよい》よ高く、之れを鑽《き》れば弥よ堅《かた》し。之れを瞻《み》れば前に在り、忽焉《こつえん》として後《うし》ろに在り。夫子《ふうし》循循然《じゅんじゅんぜん》として、善く人を誘う。我れを博《ひろ》むるに文《ぶん》を以てし、我れを約《やく》するに礼を以てす。罷《や》めんと欲すれども能《あた》わず。既に吾が才を竭《つ》くせば、立つ所有りて卓爾《たくじ》たるが如し。之れに従わんと欲すと雖《いえど》も、由《よ》る末《な》きのみ（子罕篇）

顔淵は大きな溜め息をついてこう言った。先生は仰ぎ見れば見るほどますます高く、堅い岩に穴を開けるように（先生の人格に）切り込むほどますます堅く、とても及ばない。前におられると思えば後にいらっしゃる。捉えようがない。先生は物事を順序立てて私たちに教えて下さる。また学識をもって私たちの知識を広めて下さり、その要約として礼儀も教えて下さる。学問を止めようと思っても止めることができない。私が自分の才能を出し尽くしたつもりでいても、先生はさらに眼前に高々と立っておられる。そんな先生につき従えばよいのだが、なかなか及びつくものではない。

まことに阿吽《あうん》の呼吸というか、ここまでくれば師弟の関係は極まった感じがある。顔回は孔子より三十歳年下であったと言われる（『史記』「仲尼弟子列伝」による）。年若くして孔子の長い亡命生活に同行し、ともに魯に戻って間もなく死んだ。顔回が亡くなったと聞き、孔子は「ああ、天は私を殺した、天は私を殺した」（先進《せんしん》篇）といって嘆いた。顔回の死は、孔子にとって自身の死をも意味したのである。

## 5 読書は思索に勝る

孔子には朝から晩まで机の前に座ってもっぱら読書ばかりしている学者、というイメージを持つ読者がいるかも知れないが、それは少し違うようである。孔子がスポーツを好んだとの記述は『論語』の中にはほとんど見当たらないが、琴を弾くなど音楽に興ずる趣味は持ち合わせていたらしい。もっとも、机の前に座している時間が長かったのは確かであるとしても、読書ばかりしていたとは限らない。思索に耽る時間も少なくなかったはずである。そこで、学問することと思索することに関する孔子の考え方を、ここで披露することにしたい。

子曰く、学びて思わざれば則《すなわ》ち罔《くら》し。思うて学ばざれば則ち殆《あやう》し（為政篇）

先生がおっしゃった。いくら知識を学んでも、思索しなければ混乱するばかりでまとまらない。逆に思索ばかりして知識を学ばなければ、独善に陥ってしまう。

この文章は孔子の学問論の基本を示したものとして有名であるが、およそ学問の根本的なあり方をずばりと衝いている、孔子の重要な主張でもある。「学ぶ」は読書によって知識を得ること、「思う」は頭の中で思索すること、また「罔し」とははっきりしない、ぼんやりしているという意味であり、「殆し」とは不安定で独善的であることを表わす。つまり、「学ぶ」と「思う」、「罔し」と「殆し」が対立的に捉えられている点が、この章のポイントであると言ってよかろう。

これを別の角度から考えてみると、「学ぶ」は受動的性格であるのに対して、「思う」は能動的性格を持っている。人はまず他から直接にあるいは書物を通じて、現代社会であれば書物や新聞、テレビやインターネットなどのメディアを通して知識や情報を得ることができる。その場合、自らが求めなければ折角の知識や情報も吸収することができないのはもちろんである。子どもが幼稚園あるいは保育所を経て小学校に入学し、さらに中学校へと進む教育課程においては、人間として身につけておかなければならない基礎的な知識を学ぶが、それはもっぱら教師によって教えられる。

子どもに教える立場の教師も、教える内容を学んでおく必要があるが、教える相手は自分よりも知識の程度は低いはずであるから、下手をすると教師は不十分な知識でも「知ったつもり」で教えているかも知れず、ひょっとすると、「知ったかぶり」をして教えていることもあるのではないか。教師として最も心しなければならないのがこの点であるように思われる。小学校から高校までの授業では、もっぱら文部科学省の「学習指導要領」に準拠して編集された検定教科書を使うが、教師にしてみれば毎年、生徒たちは変わっても使用する教科書は変わらないため、何年間も同じ教科書を使って教えることになる。そこで生徒たちに同じ話をしているうちに、ついマンネリズムに陥ってしまう恐れがあるのではないか。

　これが大学の教師になるともっと怖い。教える対象がたんに大学生だけでなく、「大学教授は何でも知っている」という世間一般の誤まった思い込みのおかげで、大学以外のさまざまな場面で自分が持っている知識を伝える機会が少なくないからである。テレビを観ていると、不確かな知識をさも「知ったかぶり」で得々としゃべっているご仁がいるが、困ったものである。そんな時、私はすぐにテレビのスイッチを切ることにしている。

　さて『論語』に戻って、「学ぶ」と「思う」、「罔し」と「殆し」の関係をもう少し詰めて考えておきたい。孔子は言う。読書するだけで学んだつもりになっても、それだけではばらばらな知識が増えたにすぎず、その知識をどのように統一して実践に生かしていけばよいのか、方向性が明確になっていない。つまり、ぼんやりしたままである。そこで、学問によって身につけた知識を深く思索することによって方向づけ、一貫した体系として確固なものにしていく、そのことが重要だと教える。

　逆に、碌に学問もしないで自分勝手な思索（妄想）をめぐらすだけでは、それこそ独断に陥ってしまう。これでは到底、人に教えることにはならず、たんに自分勝手な独断を相手に押しつけるだけである。読書と思索が両立してはじめて、それが真の意味での学問と言えるのだというのである。その孔子自身が、自らの経験を通して思索に偏しすぎることは無益だと言い切っている。次の章を読んでほしい。

子曰く、吾嘗て終日食らわず、終夜寝《い》ねず。以て思うも益無し。学ぶに如かざるなり（衛霊公《えいれいこう》篇）

この章を現代語訳するには及ぶまい。なお、『荀子』にもこれとよく似た孔子の言葉が載せられている。「孔子曰く、吾れ嘗て終日にして思う。須臾《たまゆら》の学ぶ所に如かざるなり」というのがそれである。ところで、この文の最後にある「たまゆら」にひねりが効かせてあるように思われる。たまゆらには一瞬とかほんのしばらくの間という意味があるから、一日中思索するよりもほんの少しの間でも勉強した方がよいということになる。読書と思索との軽重を対比した比喩として、私には殊の外興味深く感じられる。

さらについでながら、孔子の学問論として読み捨てにできない一章を挙げておきたい。これも学問を志す者にとっては掬《きく》すべき言葉であると考えるからである。

子曰く、学は及ばざるが如くするも、猶《なお》之れを失わんことを恐る（泰伯《たいはく》偏）

先生が言われた。学問をするには逃げる者を追いかけるような態度でなければならず、それでも得たものを失うことを恐れるよう心掛けるべきだ。

# 6　上知と下愚——または天才と愚者

すぐ後の第二部では、第一部の「学ぶ」に続いて、「教える」すなわち教育に関するヒントを『論語』の中から探ることにしたいが、孔子という人は教える相手を決して区別しなかったと言われる。学問することを求めて孔子学園の門を叩く人には、誰でも分けへだてなく教えた。しかし、ここに取り上げる章は古典の知識とか道徳のあり方をなどを「知る」点で、孔子が人を四段階に分けて考えていたことを示しており、孔子にしてこの言ありと興味をそそられたので、それを紹介するところから始める。

孔子曰く、生まれながらにして之れを知る者は、上なり。学びて之れを知る者は、次なり。苦しみて之れを学ぶは、又其の次なり。困《くる》しみて而も学ばざる、民、斯れを下と為す（季氏《きし》篇）

孔子先生が言われた。生まれながらにして知性を備えている者は最上の人間である。学んでこれを知る者はその次の人間だ。生活が困難なために学ぶ者はまたその次の人間である。生活に困難を感じていながら学ぼうとしない者は、それこそ最低である。

孔子のこのような分類法には一定の論理があって納得できるが、その一方で孔子は最上位を上知、また最下位を下愚と呼び、この二種類の人間は習慣や教育によっても変化しないと断じていることに、興味は惹かれるがいささか抵抗を感じないわけではない。次にその章を紹介しよう。

子曰く、性《せい》相《あ》い近し。習《なら》い相い遠し。子曰く、唯《た》だ上知と下愚とは移らず（陽貨《ようか》篇）

先生がおっしゃった。人間は先天的には個人差はない。しかし習慣（あるいは教育）によって個人差が生まれる。続けて先生はこうも言われた。ただし、最上位の人間（上知）と最下位の人間（下愚）は変化しない。

孔子が言う上知とは、端的に言えば天才のことであろう。とすると、下愚は凡人ということになるのか。確かにそのように対比させている『論語』の解説書もあるが、先の章で孔子が人間を四段階に分類していることを考え合わせると、天才はそのままでよいとして下愚を凡人としたのでは弱すぎよう。孔子は「下愚は移らず」と言い切っているのであるから、下愚とは箸にも棒にも掛からない絶対の愚者あるいは悪人ということになるのだろうか。この章の冒頭で孔子は「性相い近し」とも言っており、やや矛盾した表現のように思えてくる。しかも孔子の死後、孔子の思想が体系化されて儒教の骨格が明確になる中で、いわゆる「性善説」がその前面に現れてくることを思えば、いよいよその感を強くする。

ひとまず下愚の議論は措くとして、孔子が天才の存在を認めているのは興味あることである。吉川幸次郎の『論語（下）』（中国古典選）によると、漢時代に班固《はんご》が書いた『漢書』の中で、有史以来の人物が徳性によって九段階に分類されており、その最上位である上上（孔子が言う上知）を聖人として全部で十四人の名が挙げられている。堯《ぎょう》、舜《しゅん》に始まり周の文王、武王、周公と並ぶが、最後には仲尼すなわち孔子の名も記されているそうである。

もちろん時代がそこまで下らなくても、すでに孔子の存命中に孔子を聖人とまでは崇めなくても、天才として見ていた人が多かったのではなかろうか。ひょっとすると孔子自身も、自分は天才ではないかとひそかに自負していたのではあるまいか。そういう関心から『論語』のページを繰り直していると、ちょうど格好の答えが見つかったので、それもここで紹介しておこう。これを孔子の謙遜の弁と見るか、それとも真実を語っていると見るのかは読者の想像に任せたい。

子曰く、我れは生まれながらにして之れを知る者に非《あら》ず。古《いにしえ》を好み敏《びん》にして以て之れを求むる者なり（述而篇）

先生が言われた。私は生まれつき知識があったりものの道理がわかっていた人間（つまり天才）ではない。古典や古制が好きで、それらを早く学ぶことを実践し、道理を求めている者である。

いろいろな分野での天才という点では、私たちの周りにも結構、天才はいるものである。私は経済学というもっぱら理性的思考を要求される世界で生きてきたが、その反面、鋭く豊かな感性が必要な芸術分野にも友人を持つことを心掛けてきた。たとえば画家や音楽家、作家などであるが、彼等の数人と酒食をともにした時、私はある画家に次のような質問をぶっつけた。

「陶芸家は轆轤《ろくろ》など基本的な過程を徒弟奉公をしてでも身につけている。画家もデッサンの勉強が欠かせないと思うが、貴君にもその経験がお有りか」と。

その時の画家の返答には、心底びっくりさせられた。彼はこう答えたのである。

「その必要はほとんどなかった。はじめから絵が描けるのだから問題ないさ」

同君の家系は代々画家だったから、天才のＤＮＡが彼にも生まれながらにして備わっているのだろう。現に、彼の描く絵は素晴しい。天才だと思う。

しかし、孔子の言う上知を天才と解釈してしまうと、必ずしも孔子の思いが現代の私たちには正確に伝わらない恐れがある。上知とは天才よりもっと高くもっと広い概念ではないか。あるひとつの分野では天才であっても、たとえば『ジキル博士とハイド氏』のような、昼は天才でも夜になると悪魔というように、全人格的には人間失格のような人物もいるからだ。

## 7　就職のための学問

いつの世にも就職難は存在する。孔子が活躍した頃の中国社会は、ほとんどの人が農耕や牧畜に従事し、ごく限られた人たちが官僚や軍人として国主やその重臣に仕えていた。この当時はまだ中国には科挙制度はなかったから、孔子学園の門を叩いて学問を学びに来る人と言えば、たとえば顔回（顔淵）のように真理の探究一筋の学徒はむしろ稀な存在で、その多くは孔子の推挙を得てしかるべき所に仕官の道を求めることを目的としていた。孔子学園はこんにち的に言えば私塾だったが、孔子が魯でも有名な学者であったため、そこで学んだ者は行政官僚として信頼されたのである。

孔子より四十八歳年下の子張は、孔子の弟子たちの中でも積極的で派手好みの才気煥発な若者だった。「師《し》や過ぎたり……過ぎたるは及ばざるがごとし」（先進篇）というのが孔子の子張評である（師は子張の名前）。ここでは、子張が仕官のための勉強法について、単刀直入に不躾けな質問をしたのに対して、孔子がやや遠まわしに答えた一文を取り上げよう。

子張、禄《ろく》を干《もと》めんことを学ばんとす。子曰く、多く聞きて疑わしきを闕《か》き、慎みてその余《よ》を言えば、則ち尤《とが》め寡《すく》なし。多く見て殆《あやう》きを闕き、慎みてその余を行えば、則ち悔い寡なし。言尤め寡

なく、行い悔い寡なければ、禄《ろく》はその中に在り（為政篇）

子張が仕官のための勉強をしたいと師の孔子に教えを乞うたところ、先生はこうお答えになった。まず多くの事柄を学習してその中から疑わしいものを省き、それ以外の確かなことだけを慎重に発言すれば、過《あやま》ちは少なくて済む。また多くの事柄を経験してあやふやな点を省き、それ以外の確かなことだけを慎重に行動すれば、後悔はしなくて済む。発言に過ちが少なく行動にも過ちがすくなければ、仕官の道は自ずと開けてくるだろう。

孔子は「人を見て法を説く」ようなやり方で、一人ひとりに適した教育を施した。このことに関しては第二部でくわしく語ることにしたいが、孔子はかねがね子張の出しゃばりを快く思わなかったようで、この点を矯正する必要があると考えてこのような答え方をしたのである。お前は能力はあるのだから、言動に慎重でありさえすれば就職には問題ないよと諭したのであろう。反対に、万事に控え目だった子夏に対しては、もっと積極的な言動をするよう、むしろけしかけている。教師たる者、自分の教え子にはこういう配慮を持って指導したいものである。

さて、この子張も孔子の死後は多くの門人を抱えて一家を成したようである。孔子の教えを受け継いで後の儒学の形成に貢献した門下生は、「孔子の八儒」と言われたが（『韓非子』）、子張もその一人であった。子張は陳の出身であるから、故郷に戻って孔子の思想を広めたに相違ない。

次にもうひとつ、いかにも才気走っていた若き日の子張らしい、孔子に対する質問を一章挙げておきたい。

子張問う。士《し》は如何なれば斯《すなわ》ち之れを達《たつ》と謂《ゆ》う可きか。子曰く、何ぞ哉《や》、爾《なんじ》の所謂《いわゆる》達なる者は。子張対《こた》えて曰く、邦《くに》に在りても必ず聞こえ、家に在りても必ず聞こゆ。子曰く、是れ聞《ぶん》なり。達には非《あら》ず。夫《そ》れ達なる者は、質直にして義を好み、言《げん》を察して色を観《み》、慮《おも》んばかって以て人に下る。邦に在りても必ず達し、家に在りても必ず達す。夫れ聞なる者は、色に仁を取りて行いは違《たが》い、之れに居《い》て疑わず。邦に在りても必ず聞こえ、家に在りても必ず聞こゆ（顔淵《がんえん》篇）

子張が尋ねた。「士（官僚とか知識人）はどのようにすれば達（活達な見識人）と言えるのでしょうか」。すると先生が反問された。「お前が達というのはどういう者か」。子張が答えた。「国の中でも重臣の家中においても有名であることだと思います」。先生は次のように答えられた。「それは聞（有名人だが虚名の人）であって達ではない。達というのは素朴で正義を好み、人に接する時には相手の言葉をよく噛みしめ、相手の顔色を見て真意を見抜き、思慮深くて他者には謙遜する人のことを言うのだ。だから国中でも重臣の家中でも尊敬される。その反対に聞とは、表面的には人格者を装っているが実際の行いはそうではなく、しかも平然として何の疑問も持たない。それでもなお、国中でも家中でも有名ではあるのだ」。

血気にはやる青年時代の子張が、どこかしかるべき諸侯かその重臣に仕えて、早く有名人になりたいとの野望に燃えていたことが、この師への質問では剥き出しに現れている。達も聞もなかなかに難しい内容を含んでいるが、ここでは達を闊達な見識人、聞を有名だが虚名の人と訳しておいた。

青少年には自分の将来に大きな夢を抱き、ただただ一途に有名になりたいと願う一時期があるものである。それは孔子の時代でも現代でも共通していよう。私の少年時代は日本はまだ戦後の混乱期だったが、それでも、「少年よ大志を抱け」（Boys, be ambitious）と生徒たちを鼓舞したクラーク博士の開拓者精神がまだ少しは残っていて、私も将来のわが人生を妄想した記憶がある。さしずめ最近の子どもたちなら、男子はプロ野球やサッカーの選手になりたいとか、女子は女優やタレントを夢見る傾向があるようだが、昔に比べると夢も矮小化している感じがしてならない。

しかし近年になってグローバル化が進み、子どもたちの将来の活躍の場は国内だけでなく外国にも開かれるようになった。夢を海外に向けさせることも教師の役割ではないだろうか。

子張のその後の人生をもう一度振り返ってみると、孔子の前では生意気なことを言ってはいたが、孔子の死後は師の教えを継いで「八儒」の一人に列せられる学者・教育者に成長したことは、先に述べた通りである。人間にはさまざまな可能性があることを、改めて教えられた思いがする。

# 8 教師はわが子の教育が苦手？

何事かを学ぶ場合、独学も結構だが、人すなわち教師から教わる方が最も手っ取り早いことは言うまでもない。そこで教育者が必要となる。ところで、ここに紹介する一文は孔子の言葉ではなく、その子である伯魚と先輩格の陳亢との対話であるが、伯魚は父の孔子から直接に教えを受けたのではなく、しかるべき時に父から得たヒントを元に独学したという。教育者にとっては非常に興味ある内容なので、ここではその章を取り上げることにしよう。

陳亢《ちんこう》、伯魚《はくぎょ》に問うて曰く、子も亦《ま》た異聞有るかと。対《こた》えて曰く、未《いま》だなし。嘗《か》つて独り立てり。鯉《り》、趨《はし》りて庭を過ぐ。曰く、詩を学びたりかと。対えて曰く、未だなしと。詩を学ばずば、以て言う無しと。鯉、退いて詩を学ぶ。他日、又た独り立てり。鯉、趨りて庭を過ぐ。曰く、礼を学びたるかと。対えて曰く、未だなしと。礼を学ばずば、以て立つ無しと。鯉、退いて礼を学ぶ。斯の二つの者を聞けりと。陳亢、退いて喜んで曰く、一を聞いて三を得たり。詩を聞き、礼を聞き、又た君子の其の子を遠ざくるを聞けりと（季氏篇）

陳亢が伯魚に尋ねた。「孔子先生のお子であるあなたは、お父上から何か特別な教えを聞かれたことがお有りですか」と。伯魚が答えた。「いえ、とくに有りません。ただ、いつか父が一人で座敷に立っていた時、私が急いで庭を通り過ぎようとしますと、父がこう申しました。『詩を勉強したか』と。私が『まだです』と答えると、『詩を学ばなければ物が言えないぞ』と申しましたので、私は部屋に戻って詩の勉強を致しました。

また別の日に、父が一人で立っている前を通り過ぎようとしますと、『礼を勉強したか』と申しますので、『まだです』と答えますと、父は『礼を学ばなければ人間として立っていけないぞ』と言いましたので、私は礼を勉強しました。私はこの二つのことを父から聞きました」。陳亢は家に戻ると、喜んでこう言った。「一つのことを質問して三つの答えを聞くことができた。詩とは何であるかを聞き、礼とは何なのかを聞き、さらに君子はわが子を遠ざけることを聞いた」と。

この文の最後の部分、「君子の其の子を遠ざくるを聞けり」というのが興味を惹くが、それに関してはしばらく後に語ることにして、伯魚が父の孔子からヒントをもらって勉強した詩と礼について、孔子自身の言葉を聞いてみよう。

## 子曰く、詩《し》に興《おこ》り、礼《れい》に立ち、楽《がく》に成る（泰伯篇）

敢えて現代語訳は省くが、この章は孔子が描いた君子的教養の成立順序を示したものと考えてよかろう。まず詩によって正しい感情の高揚を起こし、次いで礼を学んで社会の規範を身につけ、最後に音楽によって調和と均衡の取れた生き方を会得するのである。詩・礼・楽の三者を教育の形式過程と解釈すれば、「詩の教育で学問が始まり、礼の教育で一人前になり、音楽の教育で人格が完成される」（宮崎市定『論語の新研究』）ということになる。

ここで詩というのは、もちろん現代社会で私たちが使っている意味とは異なり、共同社会において欠くことのできない感情表現の重要な要素である。礼もまた共同体の行為規範の中核をなすものだった。さらに楽すなわち音楽によって、正しい教養が完成すると考えられた。

孔子の時代、知識人の集団では先輩と後輩とが一諸になって宴会の席で詩を歌い、それに合わせて音楽が演奏された。時には舞も興を添えたことであろう。その間に若者は先輩から共同体で生きるための礼儀作法などについて学ぶ機会を得た。それは、数十年前まで日本の各地に存在した青年団のような風景であったのかも知れない。

ここで、再び「君子の其の子を遠ざくるを聞けり」のところに戻ると、陳亢は伯魚の話を聞いて妙に納得していることがわかる。伯魚は父の孔子から直接に学問を教わったのではなく、たまたま家の中で父親に出会い、「お前は勉強しているのか」と問われて、「いえ、まだです」と答えている。「それではこれこれを学びなさい」と指示されてから勉強しているのである。これを聞いた陳亢は、孔子のような君子でもわが子に直接教えることはをしないのだなと感心している。もっとも伯魚は父とは比較にならない不才（鈍才）だったらしい。だから孔子も、伯魚を傍に置いてみっちり教育する気にはなれなかったのだろうか。もっとも、これは私だけの勘ぐりかも知れない。

このことに関連して、『孟子《もうじ》』に出てくる孟子の言葉を紹介しよう。孟子は、教育者の子どもは父親がいくら正義を子どもに押しつけようとしても、父親の私生活をよく知っているので、「親父だって正義だけで生きていないではないか」と反発し、悪くすれば父子が憎み合うことにもなりかねない、だから昔はお互いに子どもを取り替えて教育したものだ、と言ったという。

これこそ、現代にも通用する話ではないか。「蛙の子は蛙」と言われるように、どのような職種でも親の職業を継ぐ子もいるが、教師の場合はどうやらそれが両極端に現れるようである。少なくとも私がつき合っている範囲では、親が教師であるとその子も教育の世界に進むケースは少なく、男の子の場合、父親とはまったく関係のない世界で生きている子どもが多い。父親が帰宅しても自宅で仕事を続けている姿を見ながら育つと、親の職業に好感を持てなくなるのであろうか。それとも、教師の世界観を子どもに押しつけようとして子どもの反撥を食うのか、とかく教師は自分の子を直接に教育することに苦手な人が少なくない。もちろん、その反対の例も多いに違いない。現に親子三代続けて校長を務めた家系を私も知っている。この家族は代々、教職に就くことを自分たちの使命と考えてきたと、三代目の教育者から聞いた。

## 9 『論語』で商売する

『論語』から生まれた熟語は私たちの想像以上に多い。これまでにも「学習」、「温故知新」を紹介したが、ほかにも「三省」、「中庸」、「剛毅木訥」、「用行舎蔵」などがある。ここでは「博文約礼」および「博学」という熟語の元になった章を検討することにしたい。もっとも「博文約礼」の方はそれほど有名ではないが、内容的には孔子の学問の根本となるものであり、看過できない重要な言葉であると思われる。

子曰く、君子は博《ひろ》く文《ぶん》を学び、之れを約《やく》するに礼《れい》を以てせば、亦《ま》た以て畔《そむ》かざる可きか（雍也篇）

先生が言われた。君子（教養人）は広い知識を学習して、それを正しい実践（礼）によって集約すれば、正しい道から外れることはないだろうか。

「博学」とは広く学ぶことを意味する。その反対が狭く学ぶことで、「狭学」という言葉はないが、現代的表現で言えば「専門バカ」ということになろうか。これは学者が陥りやすい弊害でもある。現代はさまざまな分野で学問が細分化される傾向にあるため、互いにニッチな部門に特化して専門性を主張しようとするからであるに違いない。

また「約礼」の礼は実践を伴うから、「約礼」とは実践によって要約するという意味に取れる。正しい実践により、豊富ではあるがばらばらでまとまりのない知識が体系的に集約されてはじめて、学んだことの成果が確立されるのである。これが孔子の学問を貫く基本であり、弟子を教育する際の根本原理だったと考えることができる。それは、すでに4「師弟の関係」で引用した顔淵の孔子観にある、「我れを博むるに文を以てし、我れを約するに礼を以てす」からも明らかである。

ここで急に話が変わるようで気が引けるが、明治・大正・昭和の三代にわたって大実業家として財界に君臨した渋沢栄一は、自らも『論語講義』を著すほど『論語』に傾倒していた。渋沢は自著の中で、この孔子の言葉に関し次のように書いている。すなわち文章の末尾の「……亦た以て畔かざる可きか」という部分が、原典では「亦可以弗畔矣夫」となっていることに着目して、「夫《か》の字の疑いを以て結び、不畔と断定せられざるは、蓋し謙遜なり。大隈侯にはこの謙遜の美徳がなく、何事でも概《おおむ》ね憚《はばか》らずして断言せられた。いな少しぐらい疑わしいことでも、どしどし断言せらるるのが侯の癖である。これが常に累《わず》らいを成して、侯は世間よりいろいろ非難せられた」と述べている。

確かに、『論語』のこの文章の結びは「……畔かざる可し」ではなく、「畔かざる可きか」で終わっており、これを渋沢は孔子の謙遜と解釈したのである。しかし、「矣夫」の二字はともに「意味の強める助字」とする吉川幸次郎の説もあり、同氏の下し文は「畔かざる可し」となっている。それを謙遜と取るか強調と解釈するかは専門家に任せるとして、右に引用したように渋沢がそのことに続けて「大隈侯にはこの謙遜の美徳がなく……云々」と言うのはいかにも取ってつけたようで、その直前の文章との関連性に乏しい。よほど、渋沢は大隈重信に含むところがあったのかと、そちらの方に興味が湧いたので少し調べてみたところ、渋沢と大隈とのはじめての出会いが一八六九年（明治二年）にあったことが判明した。以下、ますます本筋から外れることを承知の上で、渋沢が大隈に対して抱いた印象あるいは両者の確執について記しておくことにする。

渋沢は二十五歳（数え年）の時、ひょんな契機によって一橋慶喜に仕えることになった。その慶喜が十五代将軍に迎えられたため渋沢は幕臣になったものの、大政奉還で慶喜は静岡に蟄居してしまった。そこで渋沢も静岡で慶喜に仕えながら、静岡藩の財政立て直しを目的とした商法会所（後の株式会社の原形）をスタートさせた。ところがそんな折り、突然、明治政府に仕官せよとの命令を受けた渋沢は、とりあえず政府の役人に事情を説明し、その足で静岡に戻る積りで上京した。渋沢は大蔵省で大蔵大輔（現在の財務次官に相当）だった大隈と直接会い、静岡で慶喜のために尽くしたいという理由で仕官を断った。

ところが大隈は渋沢の論法を逆手に取り、渋沢が新政府に仕えることは取りも直さず慶喜公に対しても忠義の道を果たすことになる。ということは、慶喜公も国のために尽くすことになり肩身が広いではないかと諭し、渋沢はそのまま大隈の下で働くことになった。当時の大蔵省は何もかも一から十まで改正しなければならず、そのほとんどの権限を大隈が独裁的に握っていた。渋沢は後に大隈のことを次のように書いている。「大蔵省の全権を握つていた大隈大輔の勢力は頗《すこぶ》る強く、各省を圧倒するやうな有様だつたので却つて嫉妬を受ける程であつた」（『青淵回顧録』）。渋沢が『論語講義』の中で大隈のことを謙遜とは正反対だったと述懐しているのはこのことを指しており、まだその先もある。

一八七三年（明治六年）に大蔵省を辞めた渋沢は、実業家としての道を歩むことになるが、その後も、大隈の積極主義と渋沢の消極主義は紙幣発行量をめぐっても激突して、両者の対立は数年間続いた。渋沢が大隈を批判するのも、この頃の二人の確執が尾を引いたからであろう。しかし二人の関係はその後好転し、半世紀にも及んだ。渋沢が官を辞して実業界に転ずる時に考えたのは『論語』だった。渋沢に言わせると、「論語にはおのれを修め人に交わる日常の教えが説いてある。論語は最も欠点の少ない教訓であるが、この論語で商売はできまいかと考えた。そして私は論語の教訓に従って商売し、利殖を図ることができると考えたのである」（『論語と算盤』）。渋沢は当時の農民の子にしては珍しく、小さい頃から論語に親しんでいた。

渋沢が大蔵省を去ったのは、もともとこれからの日本は商売を振興させなければ国富が拡大しないと考えていたからである。しかも日頃尊敬していた大蔵卿の井上馨《かおる》が突然辞任してしまったため、自分もこれ以上大蔵省に止まる理由がないと考えて、辞表を提出した。大蔵省での同僚だった玉乃世履《たまのせいり》の強い忠告も振り切り、「論語で一生を貫いてみせる」と言い切って、民間にとび出したのである。渋沢が説く独得の論語観を本書の中でも折りにふれて紹介していきたい。

## 10　孔子の履歴書

第一部の最後に、孔子が老境に達して自らの人生を振り返り、十年ごとに区切ってそれぞれを位置づけている、言ってみれば孔子の〝履歴書〟を取り上げたいと思う。『論語』の中でも最も有名な名文の代表であると思う。しかも、それぞれの年代の区切れが独立した熟語として、私たちに人生の指針を与えてくれていることにも注目しておきたい。

子曰く、吾れ十有五にして学に志《こころざ》す。三十にして立つ。四十にして惑《まど》わず。五十にして天命を知る。六十にして耳順《みみしたが》う。七十にして心の欲する所に従いて矩《のり》を踰《こ》えず（為政篇）

先生がおっしゃられた。私は十五歳の時に学問で身を立てようと決心した。三十歳になると学問の基礎ができた。四十歳で自分が向かっている道が間違っていないと確信した。五十歳になって自分の生き方が天から与えられた使命であると知った。六十歳ではいろいろな異説を聞いても反撥しなくなった。七十歳になると自分の行動を自由に行っても人間の道に外れないという心境に達した。

孔子がこの言葉を語ったのがいつだったのか、もちろん正確にはわからない。しかし、「七十にして……」を最後に持ってきていることを考えると、しかも孔子が没したのは七十四歳（数え年）であるから、長期間の亡命放浪生活を終えて故郷の魯に戻り、そこで弟子たちを教育したり読書するなど、心静かな日々を送った数年間のどこかであったと考えてよいのではないか。長く、苦難も多かった人生を顧みて、気負いもなく、そうかといって来し方を嘆くでもなく、むしろ淡々としかも人生の筋目を明確に位置づけているのは驚嘆に値いする。

孔子は貧賤の中で成長した。父は下級武士から身を興し、数かずの武勲により軍の幹部にまで昇進した男だったが、母親のことはよくわからない。孔子は母の私生児であったと『史記』は伝えている。父が早死したため、孔子は母親の手でひっそりと育ったものと思われる。『論語』には次のような孔子の述懐がある。「吾れ少《わか》きとき賤《いや》し、故に鄙事《ひじ》に多能なり」（子罕篇）。そのような境遇の中で、「十有五にして学に志す」（志学）というのは、孔子にとって一大決心であったに違いない。そして「三十にして立つ」（而立）、さらに「四十にして惑わず」（不惑）。貧しかった孔子は地方の下級官吏として働きながらも勉学を続け、やがて人に知られるようになった。次第に門下生も集まって学園を形成することもできた。

「五十にして天命を知る」（知命）の五十歳からが、孔子の人生にとって最も重要な時期であった。孔子五十二歳の年にそれまで交戦状態にあった隣国の斉と魯との間で平和会議が開かれた。その重要な会議の場に、古代からの儀礼や故事にくわしい孔子が抜擢され、大臣待遇で魯の定公を補佐する任に当たることになったのである。この席上、斉側は弱国である魯を威嚇する目的で、槍や剣を手にした楽人たちに賑やかな踊りを演じさせた。それを見た孔子は壇上に駆け登り、「このような礼に反した行為をさせるとは何事か」と大喝した。道義に外れた行為を恥じた斉の景公は、魯から奪っていた三つの地方を魯に返還したと言われる。もっとも、この話は『史記』の「孔子世家」にだけ載せられており、真偽のほどは明らかではない。しかし、この時の功績が認められて、孔子は大司冦《だいしこう》（現在の日本で言えば法務大臣か最高裁判所長官に当たる役職）に任ぜられ、一躍、国政の一翼を担うことになった。

魯では三桓氏と言われる家老の一族が勢力を張り、国主である定公を軽視する政治が行われていた。かねがねこれを苦々しく思っていた孔子は、この機会に三桓氏の力を削いで定公の権力を回復させることに尽力したが、それが逆に三桓氏の孔子に対する反撥を生む結果になった。三桓氏の中では最も孔子に好意的で庇護者の立場にあった季桓子からも疎まれた孔子は、それに乗じた斉側からの仕掛け、つまり女楽士たちを魯に送って三桓氏を堕落させる戦術に乗せられた三桓氏に絶望し、「いまやこれまで」と信頼する数名の弟子を伴って、十四年にもおよぶ亡命の道をえらんだのである。

このように見てくると、孔子の五十歳代は降って湧いたような国政への参画を頂点に、今度は逆に鞭で打たれるように故郷からの出奔を余儀なくされるという、あっという間の境遇の激変の中で過ぎたと言うことができるだろう。そのような激動の予感があったと思われる五十歳を、「知命」と位置づけることができた孔子の強靱な精神力には感動さえおぼえる。しかもそれに続く亡命放浪の間に、孔子は理想と現実との間の相克あるいは矛盾を克服することができた（白川静『孔子伝』）。孔子にとって長い亡命生活は「知命」から「耳順」への旅でもあったのである。

孔子の亡命放浪の間には惨めな想いをすることもあっただろうが、孔子はいささかも意気消沈することなく、逆にその機会を積極的に活用して諸国の君主や国老たちと会見し、求められるままに自らの政治的理想を語っている。その間に六十歳を迎えさまざまな人に会っているうちに、異説や異論を聞かされても受け容れることができる心境に達した。まさに耳順《じじゅん》である。

やがて魯では孔子を再び迎え入れる条件が整って、十四年ぶりに故郷に戻ることができた孔子は、若く新しい弟子たちに囲まれて自らの学問を教えている間に七十歳（不矩）に達した、ということになる。

このような孔子の履歴書は、そのまま現代に生きる私たちの履歴書にも転用できよう。人は誰でも一生の間に志学の年、而立の年、不惑の年、知命の年、耳順の年、そして不矩の年を持っている。孔子を例に取れば、十五歳になってはじめて学に志す決心ができた。また三十歳でようやく而立した。以下同じように、孔子の人生はその年になるまでは目標に到達できないことの繰り返しだった。そう考えると気が楽になるのではないか。

したがって私たちも、それぞれの筋目の年には一定の目標に到達できるよう、計画的な生き方をすればよいということになる。先に、人生では「知命」の年が最も重要だと述べたが、現代のような高齢化社会においては、その年を五十歳ではなく六十歳に設定してもよいと思う。

# 第二部　教えることは教師の使命である

# 1　こわいが優しい先生

第一部では、もっぱら孔子自身の言葉を通して、人生における行動の起点に「学ぶ」ことを据えて考えることの重要性について述べてきた。第二部では引き続き、自分が学んで得た知識あるいは知見を「教える」ことを、やはり孔子を中心にしながら展開していきたい。まずは次の章から始めよう。

子曰く、黙《もく》して之れを識《しる》し、学びて厭《いと》わず。人に誨《おし》えて倦《う》まず。何ぞ我《われ》に有らんや（述而篇）

先生が言われた。黙ってじっくりと記憶し、嫌気を起こすことなく学び続け、それを人に教えて倦きることがない。これならば私にとって困難なことではない。

孔子には、学習→思索→教育の三つのことの循環が、自らの日常的な習慣になっていた。しかし、これはやさしいようで決して容易なことではない。とはいえ、教育の道を志し現に教育の現場にいる人にとっては必要な心得事と言えよう。何事にも習慣づけが大事である。なお、文の末尾にある「何ぞ我に有らんや」の句については諸説があり、その解釈の仕方によっては文全体の構造ががらっと変わってしまうので、読み方に注意してほしい。

ここでは、「これならば私にとって困難なことではない」という解釈を採用したが、これ以外に、(1)他人にはできず、私にだけできる、(2)このことだけは私にも自信はあるが、それ以外のことはできない、(3)そのどれも私にはない、などの説がある。何しろ『論語』を編纂したのは孔子の孫弟子以後の人たちであり、もうその頃には、孔子をはじめ直弟子は故人になっていたため、ここの文章だけでなく、孔子や弟子たちの真意がどこにあったのかを探るのは容易ではない。それがまた、『論語』を読むもうひとつの楽しさでもあるのだが。

それでは、教師としての孔子は弟子たちの目にはどのように映っていたのだろうか。そのことを伝える章も『論語』にはいくつかあるが、さしあたり次の章がその最大公約数であるように思われる。

子は温《おだや》かにして而も厲《はげ》し。威《い》有って而も猛《たけ》からず。恭《うやうや》しくして而も安《やす》し（述而篇）

先生は温和ではあるが厳格さがある。また威厳もある。しかし威厳はあるが威圧感はない。礼儀正しいが堅苦しくはない。

この三つの相反する弟子たちの印象には、それぞれが矛盾していると感じる読者も少なくないであろう。だって、温和だが厳格、威厳があって威圧感がない、礼儀正しいが堅苦しくないなど、まるで正反対のことが並存しているからである。このような弟子たちが孔子から受ける印象は、孔子がまことに調和の取れた中庸な人格の持ち主だからと解釈もできるが、次の章を読めば、私たちが抱く矛盾感があるいは解消するかもしれない。なお、この章では弟子である子夏の言葉として、君子全般のことを言っているようだが、実は師の孔子を指していることは、先の章との関連から見ても明らかである。

子夏曰く、君子に三変有り。之れを望めば儼《げん》然。之れに即《つ》くや温《おだや》か。其の言を聞けば勵《はげ》し（子張篇）

子夏が言った。君子（教養人）には三つの変化がある。遠くから見ると厳然としているが、そばに行くと温和である。また話す言葉は厳正である。

もっとも、これは他人からすれば変化するように見えるだけで、本人自身が変化していないことは言うまでもない。子夏が先の孔子の印象を合理化してみせたにすぎないとも言えよう。

さて、「こわいが優しい先生」という表現は、主として小学生や中学生が特定の教師に対して抱く印象である場合が多い。近頃は担任の先生に対しても、「です・ます」調ではなく、友達に話すような言葉で接する子どもが多いが、心の中では結構、畏怖したり尊敬したりしているのではなかろうか。私にもそうした先生が小学校時代にいた。その先生は六年生の時の担任で、後にその小学校の校長になった。小学校時代のこわさと優しさを具体的に語ることは省略するが、読者の中にも必ずそのような先生の思い出があるに違いない。また貴方が教師なら、貴方にそういう印象を持っている児童・生徒や卒業生がいるはずである。また、是非そうあってほしい。

私の「こわいが優しい先生」の話を続けさせてもらうと、卒業後三十数年ぶりに同窓会が開かれ、その席でその先生（酒井朝五郎先生）にお会いした途端に、先生の方から「杉江君、その後お元気ですか」と声を掛けられた。随分と顔かたちが変わっているはずなのに、私の名前まで憶えていて頂けたと、感激のあまり涙ぐんで絶句したことを思い出す。

私も大学に勤務して、約一千人のゼミ生を社会に送り出したが、できるだけ多くの卒業生の顔と名前が一致するよう、写真などを見ては努力するよう心掛けている。ゼミの年次総会や同期会などで滅多に会わない卒業生に出会った際、まずその人の名前をずばり言い当てて、当人を感激させる楽しさを味わいたいからである。

もう一度孔子の話に戻ると、弟子たちの前では「温かにして而も厲し」と見られた孔子だが、自宅にいる時は「申申《しんしん》如たり、夭夭《ようよう》如たり」（述而篇）、つまりのびのびとしてにこやかであったという。やはり稀に見る人格者だったようだ。

## 2 教育のターゲット

第一部6（「上知と下愚――または天才と愚者」）で見たように、天才と愚者という両極端の人は教育によっても変わらないとして除外すれば、その両者の中間にいる大多数の人たちが教育の対象になりうると理解することができる。ここでは「性相い近し、習い相い遠し」と双璧をなす、孔子の教育論の基本について考えることから始めることにしよう。

子曰く、教へ有りて類無し　（衛霊公篇）

先生がおっしゃった。教育によって人間に善悪の差異が生まれるのだ（もともと人間に種別などない）。

人間はすべて平等であるというのが、孔子の人間に対する基本的認識であった。人類や民族あるいは富者と貧者によって人間が区別されるべきではない。したがって、教育は万人に対して平等に開かれていなければならない。これが孔子の教育論の原点である。

もっとも、『論語』の注釈者としても有名な朱子の説はさらに突っ込んだ解釈の仕方をしている。すなわち、孔子の原文を「教へ有れば類なし」（傍点は筆者）と読むのである。そう読めば、教育によってすべての人の種別がなくなるという解釈になる。それが朱子哲学の基本認識であるとしても、私にはやや行き過ぎの感を禁じえない。

教育の効果が上がる対象者をどの範囲と見込むかという課題に関して、かつて私が巨大企業の経営トップから聞いた話を披露しておきたい。その巨大企業というのは日本有数の製鉄会社である住友金属工業のことで、その会長を務めていた日向方斉さんから直接に聞いた話である。

二人の話がたまたま経営戦略から社員教育に移った際、日向さんは私にこう言った。

「当社に入社してくる大学生の新入社員の中で、将来一人前に育つのは三人のうち二人の比率です」。

私は住友金属工業のような有名大企業に入社できるほどの人材なら誰もが優秀であるに違いないと思い、日向さんの真意を測りかねて問い直すと、返ってきた答えがこうだった。

「三人のうちの一人は、私たちが教育しなくても一人前に育ってくれます。またもう一人は、どのような教育をしても結局はモノになりません。したがって、残りの一人を教育して育て上げることに全力を尽くしているのです」。

日向さんの言う「教育しなくても育つ」人材は、さしずめ孔子の言う上知つまり天才の部類に入り、教育を施しても育たない一人は下愚すなわち愚者ということになるのか。いまだからこそ、私にもこうした当てはめができるが、その当時はまだ十分に『論語』が読めていなかったので、日向さんの話を聞いても、〈住金のような大企業でも教育の歩留まりは高くないのだなァ〉という程度の感想を持つにとどまった。教育という大事業にかかるコストは決して小さくはないのである。そう言えば『論語』には、次のような孔子の言葉も採録されている。

子曰く、自ら束脩《そくしゅう》を行う以上には、吾未だ嘗て誨《おし》うる無くばあらず（述而篇）

この文章の中に出てくる束脩を何と解釈するかにより、文意が大きく異なってくることに留意して、以下二つに分けて検討することにしたい。

（その一）
先生が言われた。束脩一束以上を持参して教えを乞いに来た者に対しては、私は誰にだって教えなかったことはない。

これは、束脩のことを乾し肉の束と解釈した場合の読み方である。脩は乾し肉でこれを薄く裂いて長く伸ばしたものを脡《てい》と言い、それを十枚揃えると一束になる。師について学びたい者は束脩を持参して頼んだというから、この場合の束脩は謝礼、授業料に当たる。

孔子の時代、すでに先生について学ぶには授業料が必要だったとする解釈は興味深い。孔子学園は私塾だったから、いくら孔子が質素な生活に甘んじたとしても、謝礼なしでは運営が成り立たなかったに違いない。翻って現代社会を見渡すと、北欧諸国のように幼稚園から大学までの授業料はすべて無償という国もあれば、その対極には有名私立大学の授業料が年額数百万円というアメリカのような国もあって、教育を国家の大事業と考えるか、それとも個人の甲斐性に任せるか、その選択は国によって異なる。もしわが国が高度福祉社会を目指すのであれば、大学も含めた授業料の無償化まで視野に入れるべきであるし、他方、市場主義に向かい格差社会を容認するのであれば、場合によって義務教育の有償化も考慮しなければなるまい。その点では最近始まったばかりの公立高等学校の授業料無償化はいかにも中途半端であり、ビジョンに欠けると言わざるをえない。

さて、束脩のもうひとつの解釈は、自分ひとりで髪を束ね服装を脩《かざ》ること（束帯脩飾）ができる年齢、すなわち十五歳に達した者という意味である。束脩をこのように捉えると、前文の訳は次のようになる。

（その二）
先生が言われた。自分で服装を整え挨拶ができる年齢（十五歳）以上になった者に対しては、私は誰にだって教えなかったことはない。

貴方ならどちらの説を採りますか？

## 3　孔子学園の教科

それでは、孔子は弟子たちに何を教えることを主眼としたのであろうか。そのことを直接に指示した『論語』の文章は多くはない。しかしここに掲げた章は、孔子が目指した教育の真髄を衝いている点で見落とすことができない。もちろん現代においては、学校教育の内容は多岐にわたり細分化されてはいるが、その根本にある本質論に関する限り、孔子の主張は二千五百年を経たこんにちでも色褪せることはない。

子曰く、弟子《ていし》入りては則ち孝、出でては則ち弟《てい》。謹みて信。汎《ひろ》く衆《しゅう》を愛し仁《じん》に親しみ、行いて余力有らば、則ち以て文を学べ（学而篇）

先生が言われた。若者よ、家庭にあっては親に孝行し、社会生活では年上の人に従順であれ。万事に気を配り多くの人と交わりながら、他者を愛することを心掛けよ。それらを行ってなお余力があれば学問に励め、と。

これは孔子の許に新しく入門した若い弟子を対象とした言葉だという説と、そうではなく、広く青少年に呼び掛けたものとする説がある。いずれにしても、孔子がさまざまな機会に語っていることを集大成したもので、個人的に言えば、私が子どもの頃にはこのように教わった（たとえば教育勅語で）記憶が、まだ鮮明に残っている。

ここで注意したいのは、「余力有らば、則ち以て文を学べ」という言葉が、章の最末尾に置かれていることである。これは孔子が学問を軽視したのかと勘ぐる読者がいるかもしれないが、そうではなくて、これから学問をしようと志す若者が人間として基本的に実践しなければならないことを、真先に説いたと考えるべきであろう。そのうえで勉強に励みなさいと孔子は諭すのである。

この点について渋沢栄一は、「孔子の教育主義はすべて空理空論に流れず、躬行《きゅうこう》実践を重んずると同時に、その実行の動機となる精神においても、また重きを置けるは勿論なり」（『論語講義』）と、いかにも実学を重視する渋沢らしい解釈をしているが、そこまで強く言い切ってしまうのは孔子の本意ではあるまい。教師について学問をすることを志す若者が、まず身につけるべき心得を諭したもの、と理解すればよいのではないか。「そのうえで学問に励め」と孔子は言いたかったのである。それなら現代にも十分通用する面があると思われる。

それでは、孔子が弟子たちに是非教えたいと考えた教育の主要科目について、その章を紹介しよう。

## 子は四つを以て教う。文、行、忠、信（述而篇）

先生は、教育の重点を次の四つの部門に置かれた。学問、実践、誠実、信義。

とりあえず、文、行、忠、信をこのように解釈するのが論語注釈者あるいは解説者の通説のようである。加地伸行はこれら四つを次のように図式化しているので、参考までにここで引用しておく（『論語』増補版）。

| | 形式 | 内容 |
|---|---|---|
| 自己に対して | 知識・学問（文） | 道徳・修養（行） |
| 他者に対して | まごころの表現（忠） | まごころの実質化（信） |

孔子はこの四つを教育の教科にしたと言われるが、何と言ってもはじめの文と行、すなわち学問を勉強してそれを実践することを教えるのが、孔子学園の中心的教科であったことは確かであろう。さらに忠と信とは他者に対するまごころの表出であり、これまた孔子が『論語』の多くの箇所で強く説いているところでもある。

だからといって、文・行から忠・信へと帰納させようとする一部の解釈は、必ずしも現代人には通用しにくい。何を目的に学校に行くのか。わが国では義務教育を終えて高校に進学し、さらに大学に進む進学率は五〇パーセント強である。彼らの目的はしかるべき勤務先を見つけ、そこで相当の地位に就くことをのぞむ（当節ではそれも限界があるが）、あるいは学校で身につけた知識を元に起業して貨殖蓄財に励む（これもそう簡単なことではない）、というのが現実の姿であろう。

世のため社会のために尽くすというのはきれいごとにすぎる。そんな現代の若者に孔子の思想がどこまで浸透するのか、この点はもっと悲観的に捉えなければならないのかも知れないが、それでも、できる限り孔子の真意が理解されるような伝え方をすることが肝要ではないだろうか。

その反面、孔子がまったくと言ってよいほど弟子たちに教えなかったことがある。それは次の章が明確に表しており、これを読むと、孔子が現代にも通じる合理主義者だったことが窺われる。

## 子は怪力乱神を語らず（述而篇）

先生は、怪、力、乱、神については語らなかった。

怪力乱神をそれぞれ別個の物もしくは事柄として論ずるのが通説であるが、中には怪力と乱神の二組に分けて扱っている説もある。いずれにせよ超自然的あるいは神秘的な事象について、孔子は語りたがらなかった。孔子はあくまで人間の問題に則して道徳思想を展開することに集中した。それもまた孔子の魅力であると思う。

## 4　正面教師と反面教師

孔子はある特定の師について学んだことはなかった。どこにいても誰と出会っても、必ずそこに勉強すべき対象を見つけた。孔子にとってはあらゆる機会が学問の源泉であった。それを証拠立てるような会話が『論語』に載せられている。ある時、弟子の子貢が衛の重臣から孔子はどこで学んだのかと尋ねられ、こう答えているのである。

「周の創始者である文王・武王の政治思想は、まだ人々の心の中に生きております。ですから、先生にとってはどこでも勉強できないところはありませんでした。そのため決まった師はおりません。先生にとっては、すべての場所に勉強の機会があり、すべての人が先生の師でした」（子張篇）。

ここでは、そのような孔子の勉強の仕方を記した章を紹介したい。

子曰く、三人行えば必ず我が師有り。其の善《よ》き者を択《えら》びて之れに従い、其の善からざる者にして之れを改む（述而篇）

先生がおっしゃった。自分を入れて三人で行動していると、他の二人の行動から必ず自分の師とすべき人を見つけることができる。その言動の中から善いものをえらんで見習えばよく、また善くないと思うものがあれば、自分でもそれを改めればよい。

「行」という語を、ここでは「行う」と読んだが、他に「行《あゆ》む」とか「行《ゆ》く」と読む人もいる。要するに一緒に行動するという意味は変わらない。また「三人」にとくにこだわる必要はない。中国では古代から三という数字が好きなようで、『論語』の中にも、たとえば「三隅《ぐう》を以て反《かえ》ざれば」とか、「吾れ日に三たび吾が身を省《かえ》りみる」、「三年学びて」という言葉がよく出てくる。小さい数の複数を表わすものと考えればよかろう。しかし、同じ複数でも三人とは絶妙の取り合わせであると思う。何故なら、二人ではいつも相対していて緊張感があり、そうかといって四人になると、二人対二人に分かれてしまうことが私たちの日常生活でも経験するところである。その点、三人なら絶えず自分以外の二人を対比して見ることができるからである。

さて、この章の内容についてもう少し深入りしてみよう。自分以外の二人の中に見習いたいケースと、逆に自分も改めるべきケースを見つけることができるということは、自分にとっての正面教師と反面教師が存在するということを意味している。正面教師という言葉はあまりポピュラーではないが、反面教師ならよく使う言葉である。私たちが日頃つき合う多くの人の中には、必ずと言ってよいほど「嫌な奴」がいるものである。こちらが嫌な奴だと思っていると、相手もこちらを嫌うものだ。これでは社会とのつき合いは狭くなるだけで、何の利益も生まない。そこで相手の嫌な点を見つけたら、果たして自分はどうなのかと自省し、改めるべきところは改めるという、相手に対する思いやりと自分への厳しさが必要ではなかろうか。反面教師とはそういう存在だと思う。「善からざる者」も反面教師としてわが師としてしまう孔子の広さ、深さは見習うべきであろう。

『論語』にはこのほか、次のような孔子の言葉も採録されている。先の章とほぼ同じ趣旨であるが、これも紹介しておこう。

子曰く、賢《けん》を見ては斉《ひと》しからんことを思え。不賢を見ては内に省《かえり》みる也（里仁篇）

先生が言われた。すぐれた人物に出会ったら、自分も同じようになりたいと思って努力しなさい。逆につまらない人間に会えば、自分にも欠点がないかと心の内で反省することだ。

「善からぬ者」や「不賢者」とつき合っていて、そこに不善や不賢を見つけたとしても、それを反面教師と見立てて自らを反省せよという孔子の教えは、言うは易くして行うは難し、であろう。それなら一層のこと、そういう人間とはつき合わない方が正しい身の処し方ではあるまいか。そのような孔子の教えはないものかと、『論語』のページを繰っていると、次の章が見つかった。

子曰く、忠信を主とし、己《おのれ》に如《し》かざる者を友とする毋《な》かれ。過《あやま》てば則《すなわ》ち改《あらた》むるに憚《はばか》ること勿《な》かれ（子罕篇）

先生がおっしゃった。誠実を主としまごころを持って人と交わり、誠実さが不十分な者を友としてはならない。もし過失をおかした時は、すぐに改めることだ。

この章とまったく同じではあるが、文の冒頭に「君子は重からざれば則ち威《い》あらず。学べば則ち固《かた》くならず」がついている章が学而篇にある。これは『論語』の編纂が長期間に及び、違った編者が別々に記憶した言葉を載せようとしたからではないだろうか。この章の他にも同じような例が見られるのもそのためであろう。

なお、「過てば則ち改むるに憚ること勿かれ」という箇所の読み方を、「もし友人の選択を誤った場合は友達を変えよ」とする説もある（吉川『論語』上）。私はこちらの方が面白いと感じている。また孔子は別のところで、「怨《うら》みを匿《かく》して其の人を友とするは、左丘明之れを恥ず。丘も亦《ま》た之れを恥ず」（公《こう》冶長《やちょう》篇）とも言っている。現代社会に生きる私たちにはそこまで徹することはできまいが。

## 5　啓発するのが教育か

啓発という熟語がある。これもやはり『論語』がその源である。この語の啓も発も「開く」という意味で、「教える」行為が上から押しつけたり詰め込ませたりする教育方法であるのに対して、教える相手が悩み苦しんで、教えを求める気持ちになってはじめて扉を開いてやる、それが啓発するという熟語になった。そのような教育方法を示すのが次の孔子の教えである。

子曰く、憤《ふん》せずんば啓《けい》せず、悱《ひ》せざれば発《はっ》せず。一隅《ぐう》を挙《あ》げて三隅を以て反《かえ》らざれば、則ち復《また》せざる也（述而篇）

先生が言われた。（弟子が）何か疑問を抱いて心が高まってくるまで、私は指導しない。また言いたいことがあるのに、うまく口に出せないでいらいらしている状態でなければ教えない。（弟子に）十分な蓄積がある場合には、一隅だけ摘《つま》みあげて示すとあとの三隅も理解してくれるものだ。もし、それでも三隅が反応しない時は繰り返しては教えない。

子どもに対して頭ごなしに口やかましく教えようとしても、なかなか効果は上がらないものである。どうすればやる気を起こすことができるのか、それが教師の役目ではないだろうか。孔子の教育方法はまことに理に適っていると言うべきであるが、このような教え方は誰にでもすぐに当てはまるわけではない。高い教育力量があり長い教育歴がある人でなければ、容易にできないとも言えよう。しかし、それに向けての努力は続けるべきだと思う。

もっとも、孔子はそう言いながらも、その一方で次の例のような教育もしているのである。

子曰く、吾れ知ること有らん也、知ること無き也。鄙夫《ひふ》有りて我れに問う。空空如《こうこうじょ》たり。我れ其の両端を叩《たた》いて竭《つ》くす（子罕篇）

先生が言われた。私のことを物識りだと言う人がいるが、決して知識の出し惜しみをすることはない。たとえば、ある無知な人間が私のところへ質問に来たことがある。その質問がいたって素朴で（質問の態をなさないものだったが）、私は（質問の内容を察知して）その両極端を示し、多面的に教えてあげた。

孔子は多くの人から物識りだと言われるが自分は決してそうではないし、さも知識人ぶって知識の出し惜しみをしているのではないと、言い訳みたいなことを言ったうえで、鄙夫すなわち無知で取るに足らない人間から質問されても、その男が空空如つまり真面目で誠実だったからできるだけ丁寧に答えたまでだ、と言っているのである。これを謙遜と見るか自負と取るか、恐らく多分にその両方を意味していると言えよう。しかし孔子はまた、こんなことも言っているようである。

子曰く、十室の邑《ゆう》、必ず忠信なること、丘《きゅう》の如き者有らん。丘の学を好むには如《し》かざるなり（公冶長篇）

先生がおっしゃった。小さな村にも私のようなまごころある人はいるに違いない。しかし自分（丘は孔子の実名）ほど学問の好きな者はいないだろう。

これを読むと、孔子が学問に打ち込んできたという自負が前面に押し出されているのを感じる読者も少なくないだろう。そこからにじみ出る自信が孔子一流の謙虚さと相まって、文章に重味と深味を加えているのだと思われる。また、誰にでも平等に教えると言いながら、そうかといって万人一律の教育方法を採らないのも、これまた孔子流と言ってよいであろう。

その一例として、次の孔子の言葉を挙げておきたい。現代でもそういう生徒は結構いるからである。

そんな場合、貴方が教師ならどうしますか。

子曰く、之《こ》れを如何《いかん》せん、如何せんと曰《い》わざる者は、吾れ之れを如何ともする未《な》きのみ（衛霊公篇）

先生が言われた。どのようにすればよいでしょうか、どのようにすれば、と言ってこない者には、私としてはどのようにすることもできないな。

「先生、どうすればよいでしょうか」と、ひたむきに教師に相談にくる生徒には、教師としてはできる限りその子の立場に立って考えてやったり、教えてやったりすることが必要であることは言うまでもない。しかし中には自分ひとりで悩んでいて、教師に相談したり質問したりしない生徒もいる。そのような教え子をどうすればよいのか。

この孔子の文章には正反対のふたつの解釈がある。そのひとつはここでの訳の通り、質問にくる生徒に対して答えるということだが、反対に、自分ひとりで悩んでいる生徒に救いの手を差しのべるという解釈もある。それは、この節の最初の文章にある「憤せずんば啓せず……」に合わせた読み方であるが、いまの文章を素直に読むとそのようには解釈できない。やっぱり「貴方ならどうする?」。

## 6 最愛の弟子

ここでは、孔子にとって掛け替えのない、やんちゃで直情径行の好漢である弟子の子路との師弟ぶりについて、いくつかの章を紹介しながら読み進んでいきたい。『論語』には子路が登場する章が四十近くもあって、孔子の弟子の中では最も多い。それにもかかわらず、孔子が子路に語るのはいつもからかい半分にたしなめる言葉だった。この最初に紹介するのは、珍しく孔子が真っ当に認識ということを教えた章である。

子曰く、由《ゆう》、女《なんじ》に之れを知ることを誨《おし》えん乎《か》。之れを知るは之れを知ると為し、知らざるは知らざると為す。是れ知る也（為政篇）

先生が子路に話された。由よ（由は子路の名）、おまえに知ることとは何かを教えてやろう。知ることができたことは知っているとし、知らないことは知らないとする。それが知るということだよ。

孔子と子路との会話が、この孔子の言葉の前にどのようなものであったのかは想像しにくいが、いずれにしても孔子は子路の面前に剛速球を投げ込んだ感じがする。「知ったことは知ったとし、知らないことは知らないとする」というのは、もはや現代でも立派に通用する合理主義思想の根幹をなす認識論の基本だからである。師の言葉に子路がどのような反応を示したのか、『論語』はそれから先の師弟の会話を伝えてはくれない。そこには、孔子の学問の基本認識が明確に示されているだけである。

子路は孔子よりも九歳年下だったというから、孔子の門下生では最長老である。若い頃は市井無頼の侠客で、孔子にからんだこともあったらしいが、逆に諭されて弟子に加えてもらった。誰よりも師思いで孔子の亡命生活中は師のボディガードをもって任じていた。義経に仕える弁慶のような存在だったと白川静が評しているが、まことに「言い得て妙」である。しかし学問研究はいまひとつ苦手だったらしく、弟子の間ではあまり尊敬を受けていなかった。時には、そのことを孔子が弟子たちにたしなめたこともあった。

孔子が子路と交わした会話は、先にも述べたように弟子たちの中で最も多いが、私が興味深く読んだのは次の章である。

子曰く、道行われず、桴《いかだ》に乗りて海に浮ばん。我れに従う者は、其れ由《ゆう》なるか。子路之れを聞きて喜ぶ。子曰く、由や勇を好むこと我れに過ぎたり、材《ざい》を取る所無からん（公冶長篇）

ある時、先生がこう言われた。「ここでは（私が理想とするような）道徳は行われていない。一層のこと、桴《いかだ》に乗って東の海に出て行こうか。私についてくるのは、まァ、由だろうな」と。この話を聞いた子路は大喜びした。それを知って先生はこう言われた。「由の勇気は私以上だが、どこへ行ったら（大きな桴をつくれるような）材木があるのかね」。

何しろ子路には情熱的で無鉄砲なところがある。だから師の言葉を真に受けて、すぐにでも出発しかねまじき勢いだった。それにしても、このような言葉が孔子の口から出たというのは、孔子もこの当時の政治情勢に半ば匙を投げた感じでいたに違いない。万更、口から出任せな発言ではなかったとも考えられる。学校現場で教員をしている人にも、教え子の中にたまには子路のようなタイプの生徒がいるかも知れないし、そんな教え子を社会に送り出した経験を持つ人もいるだろう。そういう生徒に対してはどのような指導をしているのだろうか。孔子の場合は、軽口を言ってからかったかと思うと、柔らかな調子でたしなめたり諭したりする。しかも、時には真理をずばりと教え込んだりしている。いかにも緩急自在である。恐らく孔子は子路に対して特別な愛着を持って接していたに違いないと思われる。そのような場面をもうひとつ、ここで紹介しておきたい。

子曰く、敝《やぶ》れたる縕袍《おんぼう》を衣《き》、狐貉《こかく》を衣る者と立ちて、而《しか》も恥ざる者は其《そ》れ由なるか（子罕篇）

破れてぼろぼろになった粗末な綿入れ服を着ていても、立派な毛皮の外套を着た貴人と並んで平然としていられるのは、由（子路）ぐらいのものだろう。

いかにも子路ならではの、無頓着な勇姿を彷彿とさせる孔子の感想である。ある時、孔子のまわりに四人の弟子が座っていた。そこでの孔子の発言は子路の行末を暗示した言葉だった。

閔子騫《びんしけん》、側《かたわら》に侍す。誾誾如《ぎんぎんじょ》たり。子路、行行如《こうこう》たり。冉有《ぜんゆう》・子貢、侃侃如《かんかん》たり。子楽しむ。曰く、由の若《ごと》きは、其の死を得ざらん（先進篇）

閔子は先生の側に座り、中庸で正しい姿だった。子路は勇ましく元気いっぱいだった。冉有と子貢はおだやかでなごやかだった。先生も楽しそうだったが、子路を見てこう言われた。
「君はふつうの死に方ができるかな」。

不幸にして孔子の予言は的中した。子路は衛のクーデターに巻き込まれて非業の死をとげた。子路の死体が塩漬けにされたと聞いて、孔子は自宅にあったすべての塩漬け食品を捨てさせたという。

## 7　自分で限界をつくるな

孔子は弟子に対して、一人として同じように一律に教育することはなかった。このことはこれまでにも述べた通りである。この節では、何事にも積極的すぎる子路と、反対にきわめて慎重な冉有《ぜんゆう》の二人に対して、孔子がそれぞれ違った教え方をしたことに不審を感じた公西華が、師の孔子に問い質した会話を中心に進めていくことにする。さらに冉有の性格や行動についてもふれながら、孔子の冉有に対する教育の仕方も紹介したい。

子路問う。聞けば斯《すなわ》ち諸《こ》れを行わんか。子曰く、父兄在《いま》す有り。之れを如何《いかん》ぞ。其れ聞けば斯ち之れを行わん。冉有問う。聞けば斯ち諸れを行わんか。子曰く、聞けば斯ち之れを行え。公西華曰く、由や問う、聞けば斯ち諸れを行わんか、と。子曰く、父兄在す有り、と。求や問う、聞けば斯ち諸れを行わんか、と。子曰く、聞けば斯ち之れを行え、と。赤や惑う。敢えて問う。子曰く、求や退く。故に之れを進めたり。由や人を兼ぬ。故に之れを退けたり（先進篇）

由（子路）が孔子先生にお尋ねした。「何かを聞いたり学んだらすぐにそれを実行した方が宜しいでしょうか」。すると先生がお答えになった。「父や兄が健在なら、まずその意見を聞いてから実行しなければならない」。次いで求（冉有）が同じ質問をすると、先生は「聞いたらすぐに実行せよ」と答えられた。それを聞いた公西華（名は赤）が、「子路の問いにはまず父兄の意見を聞いてからにせよと言われたのに、冉有が同じ質問をすると、すぐに実行しろと言われる。私は当惑してしまいます。失礼ながら先生にその理由をお尋ねします」と質問した。先生はこうお答えになった。「冉有は引っ込み思案だからすぐに実行しろと言った。それに対して子路は出すぎる。だから抑えたのだ」と。

ここでは、子路と冉有が並んで槍玉に上がっているのが興味深い。この二人はともに、師の孔子から「政事には冉有・季路（子路のこと）」（先進篇）とのお墨つきをもらった、政治能力のある人物だった。また、孔子が魯の最高実力者である季康子から子路・子貢・冉有の三人について、政治家としての能力があるかと尋ねられ、子路は果（果断）、子貢は達（達見）、冉有は芸（多能）であると答えている（雍也篇）。

子路は晩年、衛の重臣に仕えていたが、同国のクーデターに巻き込まれ主君を助けるために戦って殺されたこと、先に述べた通りである。また冉有は、この後もう少しくわしく紹介するが、季氏の執事を長く務めた能吏であった。

さて本文に戻ると、その時の師弟四人の話題は災害が発生した時すぐに義捐金を出すべきかどうか、であったとの説がある（吉川『論語』下）。この説を採用して話を進めると、子路は考える前に走り出すような性格の男であるから、すぐにでも義捐金を出そうという気持ちが働くのであろう。しかし孔子の時代には、親が健在であればその子は勝手に財産に手をつけてはならないと定められていたから、孔子はそのことに配慮すべきだと諭したのである（もっとも、子路の親が在世していたかどうかは不明である）。孔子としては子路の早駆けをたしなめたかったに違いない。

「私は当惑致します」と割って入った公西華は、孔子の門下生の中では最も若い世代に属する。公西華にしてみれば、自分の目の前で先輩二人の同じ質問に孔子が正反対の答えをしたことに納得がいかなかった相違いない。しかし、それに対する孔子の答えはまことに明快であった。さすがに孔子は人を見て法を説く教育の達人だったと、改めて感心させられる。しかし現実には、なかなかそうはいくまい。そのためには子ども一人ひとりの性格やその時の心理状態などについて、つとめて知るようにする心掛けが不断に必要だからである。

続いて冉有の話に移ろう。冉有は師が評したように引っ込み思案の人物だったのであろうか。そのことに関して有名な孔子の言葉がある。

冉求曰く、子の道を説《よろこ》ばざるに非《あら》ず。力足らざる也。子曰く、力足らざる者は中道《ちゅうどう》にして廃《はい》す。

## 今、女《なんじ》は画《かぎ》れり（雍也篇）

冉求（冉有）が孔先生に申し上げた。「先生の説《と》かれる教えを有難く思わないのではありません。しかし私には力が足りないので（実行できません）」。先生はこう言われた。「力量不足なら途中で挫折してあきらめるはずだ。おまえははじめから限界を決めて先に進もうとしない」。

冉有はよく言えば謙譲の人、悪く言うなら優柔不断。孔子の弟子としては中堅どころの年齢であるが、『論語』に登場する冉有はいつも孔子から叱られてばかりいる。同じ叱り方でも、子路や子貢に対しては孔子の目はどこか優しさを含んでいるのに、冉有に対しては孔子の苛立ちが目につく。それがこの章にもよく現れているように思われる。「女は画れり」とはまことに厳しく容赦のない叱責の言葉ではないか。

「画《かぎ》る」と言えば、現代の子どもたちもはじめから自分に見切りをつけているように見える。それは偏差値のせいではないだろうか。たとえば中学校から高校に進学する場合など、必ず偏差値を見て受験校を決める。また同級生の間でも、「私の偏差値はいくらだからあの子には勝てない」と決めてしまい、競争しようともしない子どもが少なくない。私に言わせれば偏差値なんか糞食《くそ》らえだ。

# 8　先生と後生

日本で「先生」と言えば、かつては学校の教師とか医者と相場が決まっていた。しかし近年になってその範囲は広がり続け、国会議員や公認会計士・税理士などから美容院の経営者まで「先生」と呼ばれるようで、まさに先生の大安売りである。したがって先生とは尊称でもなければ敬称でもなく、そう呼んでおけば無難だから使っているという感じさえする。おそらく学校現場では、何の抵抗もなくお互いに「先生」と呼び合っているのではなかろうか。ところで次に紹介する章は先に生まれた者が先生で後輩は後生という、現代の中国でも使われている語が入った孔子の言葉である。しかしその内容はきわめて重要な点を示唆していると思う。

子曰く、後生《こうせい》畏《おそ》るべし。焉《いずく》んぞ来者《らいしゃ》の今に如《し》かざるを知らんや。四十五十にして聞こゆこと無くば、斯《こ》れ亦《ま》た畏るるに足らざるのみ（子罕篇）

先生が言われた。青年を侮ってはいけない。未来の人間が現在の人間よりも劣るとどうしてわかるのか。また、四十歳、五十歳にもなって人に知られない人間は、畏れるに値しない。

ここに出てくる後生とは青年とか若者、後輩の意味で、先生つまり先に生まれた人より後で生まれたから後生なのである。孔子の許に集まった弟子たちには、子路のように師とそれほど年が離れていない長老から、顔回、冉有、子貢などの中堅、さらに恐らく孔子が長い亡命生活の末に魯に戻ってからの弟子と思われる公西華、子游《しゆう》、曽参、子張、子夏といった後進まで、実に幅広かった。孔子がこの章で「後生畏るべし」と言ったのは、一説によれば顔回を指すとされるが、むしろ後進の門下生たちを意識していたのではないだろうか。これは私の勝手な想像であるが。

孔子は合理主義者であり、絶えず進歩することを疑わない人であったから、学問の分野においても自分の死後、俊才が輩出することを期待していたものと考えられる。その孔子がこの章の後段で、「四十歳や五十歳になっても人に知られないような人間は畏れるに足らない」と言っているのは、たゆまぬ努力によって進歩することを弟子たちに促しているとも受け止められる。孔子にはこれと同じような言葉が別の篇にもあるので、それもここで紹介しておきたい。こちらはさらに容赦がなく、まさに一刀両断の凄さである。

子曰く、年四十にして悪《にく》まる、其れ終るのみ（陽貨篇）

この章の現代語訳は今更必要なかろう。悪まるとは嫌われることを意味している。それにしても、孔子は四十歳という齢に強くこだわっているようだ。第一部10「孔子の履歴書」のところでも見た通り、孔子は「四十にして惑わず」と言い切っている。もうその齢になれば、自分の思想や生き方も定まっていなければならず、外部からも一定の評価がなされていて当然、という考え方に立っていたのであろう。その揺るぎのなさには脱帽のほかない。

孔子の死後、何人かの後生はそれぞれ自分の門下生を持ち、師の思想と学問を伝える役割を果たした。当初、子游、子張、子夏らは同門の有若《ゆうじゃく》を孔子の後継者にして孔子学園を続けていくことを計画した。何故有若かと言えば、彼の容貌が孔子に似ていたというただそれだけの理由だったため、曽参が猛烈に反対した。孔子の卓越した学識と人格を継げる者は誰もいないというのである。結果的には子張は陳に、子夏は魏に門下生を連れて去って行き、それぞれの地で名声を広げた。

それでは、有若を担ぎ上げることに反対した曽参はというと、曽参はもともと孔子と同じ魯の人であるから、孔子の死後に残された孫の孔伋《こうきゅう》を教育しながら、孔子の旧宅の管理と学園の維持に当たった。曽参は弟子たちから曽子（子は敬称）と呼ばれた。『論語』の中には「曽子曰く……」で始まる曽参の言葉が、孔子の門下生の中では最も多く収録されているが、それは『論語』の編集者の中で、曽参系の弟子が有力な位置を占めていたことと関係がありそうに思える。曽参は子張、子夏と違いひたすら孔子の思想を忠実に継承しようとしたという意味で、孔子の後継者と言っても過言ではなかろう。そんな曽参を彷彿とさせる一章を掲げておきたい。

子曰く、参《しん》よ、吾が道は一以て之れを貫く。曽子曰く、唯《い》。子出づ。門人問うて曰く、何の謂《い》ひぞや。曽子曰く、夫子《ふうし》の道は忠恕のみ（里仁篇）

先生がおっしゃった。「参（曽参）よ、私の人生はただ一つのことで貫かれている」。曽子は「はい」とだけ答えた。先生が出ていかれた後で曽子の門人が、「先ほどの対話はどういう意味ですか」と尋ねると、曽子は「先生の道はただ忠恕（まごころと思いやり）だけだ」。

これと同じ趣旨の話が衛霊公篇にもあって、ここでは子貢が孔子にこう問いかけた。「先生、生涯を通して行うべきことを一文字で表すことができますか」と。それに対して、孔子は「それは恕だな」と答えている。かつて私が中国・昆明に旅した際、石碑博物館で一人の書家に出会ったことがあった。その人から「貴方の好きな字を一つだけ書いてあげよう」と言われ、私は「恕」の字を依頼した。書家は私をじっと見つめ、大きく頷いてから恕の字を揮毫《きごう》してくれた。〈お主も論語を読んでいるな〉という眼差しだった。私はその書を持ち帰り、将来、自分の墓を作ったときにこの字を墓碑にしようと考えたが、わが国では「恕」の字が「ゆるす」という意味に使われることが多いので、あらぬ誤解を招くことを恐れ、まだ思案中である。私だけが入るお墓にしたくないので、それならむしろ、「絆」という字にしようかとも考える。まだしばらく時間はありそうだから。

## 9　過ぎたるは及ばざるがごとし

孔子の直弟子の一人に子貢《しこう》がいる。師の孔子からは「言語には宰我《さいが》、子貢」（先進篇）と評された、弁舌巧みで外交交渉にも長《た》けた俊才である。この人は孔子一門中で最も（ほとんど唯一）金儲けがうまく、孔子の亡命生活中も経済面で支えたと言われる多才な人物でもあった。この子貢はまた人物批評が好きで（現代でもそういう人間はいるもので、貴方の近くにも該当者がいるかも知れない）、孔子から「賜（子貢の名前）はえらいなあ、私なんかそんな暇がないよ」（憲問篇《けんもんへん》）と皮肉られるほどだった。ここでは、孔子と子貢との間で交わされた弟子たちの批評を題材にして、私たちの参考になりそうなヒントを探ることにしよう。

子貢問う。師《し》と商《しょう》と孰《いず》れが賢《まさ》れる。子曰く、師や過ぎたり、商や及ばず。曰く、然《しか》らば則《すなわ》ち師愈《まさ》れるか。子曰く、過ぎたるは猶《なお》及ばざるが如し（先進篇）

子貢が先生に尋ねた。「師（子張）と商（子夏）とではどちらがまさっておりましょうか」。

それに対して先生が答えられた。「師はやりすぎだ。商は控え目すぎる」。重ねて子貢がお尋ねした。「それなら師の方がまさっているのでしょうか」。先生はこう答えられた。「やりすぎるのはなおよくないことだよ」。

私は長い間大学に勤務している間に、学会活動も含めいろいろな人に出会ったが、そのうち大学教員を三つのタイプに分類してひそかに楽しむことを考案した。三つというのは書斎派、社会派、それに無能派である。面白いもので、ほとんどの人はこのうちのどれかのタイプに属することがわかってきた。この私の分類法に従えば、さしずめ子張は社会派であるのに対して子夏は書斎派に当たるだろう、子夏についてはすでに述べたように（第一部2「学ぶ力は好奇心から」）、篤実で学者肌の弟子であった。

この相反する二人の性格を熟知していた孔子は、子貢の重ねての質問に対してむしろ子夏の方に軍配を上げたとする解釈が有力である。というのは、「過ぎたるは猶及ばざるが如し」という孔子の言葉がその後独り歩きして、出すぎるよりは控え目すぎる方がよいことの表現として使われるようになったからである。しかしよく考えてみると、果たしてそれが正しいのだろうか。孔子は何よりも中庸を尊ぶ人であった。中庸とはつねに中央にあってどこにも偏しない不偏不倚の概念であるが、孔子の死後、孫の子思（孔伋）が著したとされる『中庸』が儒教の重要な思想体系書のひとつとして重視されるようになった。その発想の源が孔子にあることは言うまでもない。

孔子自身の言葉としても、次の章が『論語』に載せられている。

子曰く、中庸の徳為《た》るや、其れ至《いた》るかな。民鮮《たみすくな》きこと久し（雍也篇）

先生が言われた。道徳における中庸の価値は至上のものである。しかし、その能力を持っている人が少なくなって久しい。

したがって孔子は、「出すぎるのは控え目すぎるよりもよくない」と言ったのではなく、「出すぎるのも控え目すぎなのもともによくない。中庸が最上だ」と言いたかったのではあるまいか。しかしながら現代人である私たちにとって、中庸が最上の徳目かと言えば必ずしもそうとは言えまい。万事が露出過剰とも言うべき自己主張の時代である。子どもたちにとってはなおさらであろう。中庸の徳を生徒に教える勇気を持った教師が果たしてどのくらいいるだろうか。

さて今度は逆に、子貢から孔子に対してではなく、孔子が子貢に発した弟子の優劣についての問答を紹介しておきたい。ここでの孔子は子貢に対してどこか優しい。

子、子貢に謂《い》いて曰く、女《なんじ》と回《かい》と孰《いず》れが愈《まさ》れる。対《こた》えて曰く、賜や何《な》んぞ敢《あえ》て回を望まん。回や、一を聞いて以て十を知る。賜や一を聞いて以て二を知る。子曰く、如《し》かざる也。吾れと女と如かざる也（公冶長篇）

先生が子貢に向かっておっしゃった。「お前と回（顔回）とではどちらがすぐれていると思うか」。子貢が答えた。「私がどうして回と比《くら》べることを望みましょうか。回は一を聞いて十を知ることができますが、私は一を聞いても二つしか知ることができません」。これを聞いた先生は、「お前の言う通りだよ、お前は回には及ばない。しかし私もお前と同じで回にはかなわない」と言われた。

孔子も意地悪な質問をしたものである。子貢と顔回とはほとんど同年輩で競争相手でもあった。しかし顔回は、師の孔子から徳行を積むことおよび学問を究《きわ》めることでは、最高の弟子との評価を得ていたから、それを知っている子貢は賢くも師の前で謙遜してみせたのではないか。それに対して孔子は、子貢の返事を正直に受け止めて、しかもなだめるような調子で、「私もお前と同じだよ」と答えている。お互いに信頼し合っている師弟間の阿吽《あうん》の呼吸を感じざるをえない。

孔子は顔回にはない子貢の弁舌と知略の才能を高く評価していたし、それに加えて、亡命中には子貢の貨殖の才によって経済的に支えられていたこともあって、子貢に対する信頼度は高かったと思われる。子貢も孔子の死に際しては葬儀を取り仕切るとともに、他の弟子たちは三年の喪が明けるとそれぞれの地に去っていったのに、子貢はその二倍に当たる六年もの長きにわたり喪に服したほどの師思いだった。子貢に関しては、後に別の形でもう少し詳しく述べることにしたい。

## 10　経済が先か教育が先か

孔子には学者、教育者としての顔以外にもうひとつの顔があった。それは政治家である。とはいえ、孔子が実際に政治・行政の仕事に就いたのは、五十歳を過ぎてからのわずか数年の短期間だけであった。それも実力者重臣の専横を正そうとした孔子の企てが挫折し、半ば追われる形で長い亡命生活を余儀なくされた。その間にも、いくつかの国から政治への参加の誘いがあったのは事実であるが、その都度、内部の反対や外部からの横槍が入ったりして実現することはなかった。しかし『論語』では、多くの政治論議が諸侯やその重臣あるいは弟子たちとの間で交わされている。ここでは、政治・民生と教育の関係についての孔子の思想を軸に、あらためて教育の重要性について考えてみたい。

子、衛に適《ゆ》く。冉有《ぜんゆう》、僕《ぼく》たり。子曰く、庶《おお》き哉。冉有曰く、既に庶し。又た何をか加えん。曰く、之れを富まさん。曰く、既に富めり。又た何をか加えん。之れを教えん（子路篇）

先生が冉有を御者にして（馬車で）衛の国に入られた。その途中での師弟の会話。

孔子「沢山の人がいるな」
冉有「おっしゃる通り沢山の人口です。このうえに何を加えたら宜しいでしょうか」
孔子「豊かにすることだ」
冉有「豊かになれば、その次には何を与えますか」
孔子「教育だよ」

---

この章を読んで私の頭にまず浮かんだのは、山本有三の戯曲『米百俵』だった。かつて小泉純一郎が首相の座に就いた時に行った演説の中で、この作品が紹介され、ひと頃話題になったのを憶えている読者もいるに違いない。この戯曲で山本が強調したかったのは、「生活が先か教育が先か」の大問題であった。『米百俵』が発表されたのは太平洋戦争真最中の一九四三年であるが、この当時は「米をつくれ」、「船をつくれ」、「飛行機をつくれ」と、戦争遂行に必要な物資の生産増強が日本中で叫ばれていた時代である。これに対して山本は、もっと大事なことは「人物をつくれ」ということだと信じ、明治以来諸方面で有力な人材を輩出してきた旧長岡藩の小林虎三郎に着目したという。以下、やや冗長になるが『米百俵』の中心部分を私なりに要約して紹介しておきたい。

幕末の戊辰《ぼしん》戦争で幕府側だった越後長岡藩の城下町長岡は、三度も戦火に遭い町は焼け野原と化した。そのため藩士たちは窮之して、三度のおかゆすら満足にすすれない惨状となった。これを見兼ねた支藩から救援米百俵が送られてきたので、藩士たちは大喜びで分け前にあずかろうと待ち兼ねていた。ところが大参事（旧家老職）の小林虎三郎はその米を藩士たちに分配せず、米を売った金で学校を建てようと主張して譲らない。激高した有志が虎三郎の家に押し掛け、刀を抜いてまで米を配分するよう強請した。

虎三郎はその時少しも慌てず、「百俵の米といっても皆で分けたら一人当たり四合か五合にしかならぬ。後に何が残るのだ」、「自分の食うことばかり考えていたのでは、長岡はいつまで経っても立ち直らない。だからこの百俵の米をもとにして学校を建てたいのだ。この百俵が一万俵になるか百万俵にもなるんだ。その日暮らしでは長岡は立ち上がれない。新しい日本は生まれないぞ」と説いた。虎三郎の説得を聞いた藩士たちは涙を流して納得し、長岡に小学校の前身である国漢学校が建てられたのである。ここを卒業した人たちの中から各界を代表するような人物が輩出した。

もちろん、孔子と小林虎三郎を比較することはできないかも知れない。時代も背景も大きく異なっているからである。しかし現代のわが国においては、たとえば選挙民の歓心を引くような目先のイベントやバラ撒きに近い補助金には予算を使っても、すぐには効果が見えない教育にカネを出し渋る政治家が少なくない現実を見るにつけ、米百俵の精神は貴重だと考えてしまうのである。

ここで再び〈政治家〉孔子に戻ることにしよう。今度は子貢が師に政治に関して重要施策の優先順位を尋ねた時の孔子の答えである。

子貢、政を問う。子曰く、食を足《た》らし兵を足らし、民をして之れを信ならしめん。子貢曰く、必ず已《や》むを得ずして去らば、斯《こ》の三者に於いて何《いずれ》をか先にせん。曰く、兵を去らん。子貢曰く、必ず已むを得ずして去らば、斯の二者に於いて何をか先にせん。曰く、食を去らん。古《いにしえ》より皆死有り。民は信なくんば立たず（顔淵篇）

子貢が政治の要諦について先生に尋ねた時の会話。
孔子「それは食糧の充足（民の生活の安定）、十分な軍備、政治への信頼だ」
子貢「わかりました。ではこの三つのうち、やむをえずこのうちのどれか一つを捨てなければならないとしたら、何を捨てますか」
孔子「軍備を捨てよ」
子貢「では、残った二つのうち、やむをえずどちらかを捨てなければならない場合は、どちらを捨てますか」
孔子「食料（生活）だね。（食料がなければ人は死ぬ）。しかし古来、人間は必ず死ぬ。やはり一番は、人民に政治を信頼させることだよ」

これを前章と突き合わせると、人民に政治を信頼させるということは人びとを教化（教育）することにほかならず、孔子が教育を民生の安定よりも上位に置いて考えていたとも読める。私はそう信じたい。

# 第三部　上手に社会とつき合おう

# 1　名刺が要らない社会

私は二〇〇二年春から奈良市の教育委員を仰せつかって、今日に至っている。勤務していた大学を定年退職し自由の身になったのを機に、これからはしばらくの間、社会のお役に立つような仕事に就きたいと考えていたところへ、突然、当時の大川市長から声が掛かったことを福音と聴き、即座に承諾したという経緯があった。しかし、教育委員がどういう役割を果たすべきなのか、正直なところほとんど何も知らないままその職に就いた。

教育委員会には教育の現場である公立学校から指導主事として出向している人も多く、また教育委員の立場で学校訪問に行き、小学校から高校までの教員に会う機会も増えた。まず、私がびっくりしたのは、ほとんどの教員が名刺を持っていないことだった。学校に勤務していると、毎日出会うのは校長、教頭から教諭、講師など教える側の人と、学ぶ側の児童、生徒しかいない。学校の外に出掛ける機会があっても、保護者や教育関係の人としか会わないため、名刺を使うことがない。だから名刺を持たないのだという。ということは、それだけ教員が日常接する社会はきわめて狭い限られた世界ということになる。

会社勤めの人たち、とくに営業畑の人は教員と正反対で、名刺をできるだけ多く使うことが顧客獲得につながり、社内での評価が上がって給料やボーナス査定の元になる。だから直接商売に関係なくても、やたらと名刺を配るのが習性になっているようである。もっとも、私はここで名刺の功罪について述べるのが目的ではない。教師という職業はそれだけ社会とのつき合いが少ないことを確認したいだけである。

しかし最近では、学校と地域との関係が密になり、教師も学校以外の人たちと接する機会も増えてきている。学校での常識は社会での非常識、あるいはその反対の現象もありうるので、ネットワークを広げておくに越したことはあるまい。そこで社会とのつき合いや友人との関係などの面で、『論語』に登場する孔子とその弟子たちが、どのような言葉を残しているのかを知っておくことも必要なのではないかと考え、ひとつの部を起こすことにした。まず孔子最晩年の弟子である子夏と子張の声に耳を傾けよう。それは、二人の緊張した関係が見えてくる、興味深い章である。

子夏の門人、交《まじわ》りを子張に聞く。子張曰く、子夏何をか云《い》える。対《こた》えて曰く、子夏曰く、可《か》なる者は之れに与《くみ》し、其の不可なる者は之れを拒《こば》め、と。子張曰く、吾が聞く所に異《こと》なり。君子は賢を尊《たっと》びて衆を容《い》れ、善を嘉《よみ》して不能を矜《あわ》れむ。我れの大賢ならんか、人に於て何ぞ容れざる所あらん。我れの不賢ならんか、人将《まさ》に我れを拒まんとす。之れを如何《いかん》ぞ其れ人を拒まんや、と（子張篇）

子夏の弟子が人と人との交際について子張に尋ねたところ、子張は「君の先生の子夏殿はどう言われたのか」と聞き返した。その弟子は「子夏先生は友人にしてよい人とはつき合い、交際してはいけない者は遠ざけよとおっしゃいました」と答えた。子張は言った。「それは私が孔先生から教わったこととは違っている。よくできた人物は友人を尊重するが、同時に多くの人を受け入れ、善き友を敬愛する一方、そうでない人には同情する。もし仮に大賢人だとすれば、対人関係ではお互いに許し合えるものだ。また私が凡庸であれば相手が私を拒むに違いない。こちらから人を拒絶するなんてことがどうしてできようか」と。

子夏と子張とはほとんど歳が同じで、お互いに競争意識が強かったらしい。しかし、この二人の性格は正反対に近く、一方の子夏が師の孔子から「及ばず」という評価をもらうくらい、慎重で控え目な学者肌であったのに対して、子張も師から「過ぎたり」との烙印を押されるほど派手好みで出しゃばりな人物であった。孔子の死後は子夏も子張も多くの門人を擁して一家を成していたから、この章も子張が多分に子夏を意識しての発言とみることができる。それにしても、子夏の門人に向かって、「それは私が先生から教わったことと違う」と高飛車に言うのは、いかにも子張らしい。

ここで子夏が言っていることは至極明快であるが、これはかつて孔子が「己《おのれ》に如《し》かざる者を友となす毋《なか》れ」（学而・子罕両篇に同じ文章がある）と教えたことを、そのまま鵜呑みにしたもので、子夏の目標でもあったに相違ない。これに対して子張は、友人と交わるにはもっとおおらかに、何人《なにびと》をも包容する懐の深さが必要だと、子夏の門人に向かって諭すのである。それでは、子夏と子張とではどちらの考え方が正しいだろうか。

私に言わせれば、いずれも一長一短で答えは出しにくい。子夏が言っているのは師である孔子の教えそのままであるし、また子張はもってまわった言い方ながら、果たしてその真意がどこにあるのか疑わしい面もあるからである。それというのも、子張には同門の間でも誠実さという点で首をかしげる人がおり、また孔子も子張については、「師や辟《へき》」(先進篇)と、いささか懐疑的な評価を下している。ちなみに朱子(『論語』の注釈者)は辟のことを便辟《べんぺき》と解釈しており、『広辞苑』で便辟を引くと、「人の嫌うことを避けて媚《こ》びること」とあった。そういう背景もあって、私は子張の言葉を一〇〇パーセントは信頼できないと感じている。しかし、ここで彼の言っている内容は一〇〇パーセント正しい。

私たちは誰も、互いに心を許し合い敬愛しながら長い交際が続く親友を持っている。成長して大人になってからできた親友もあれば、まだ子ども時代に出会ってから長く親友としてつき合っている人もいるだろう。しかし、何人も複数の親友ができるとは思えない。無二の親友という言葉もあるくらいで、一生にせいぜい一人か二人ぐらいしかできないのが普通だろう。私にもそうした親友がいる。いや、いると言ったのは正確ではない。つい数日前まではいた。しかし私にはまだ彼の急死が心の中で納得できずにいるため、いると書いてしまった。一カ月前に会って盃を交わした時には、彼は病魔に冒されているとは一言も言わなかったからである。

## 2 親友の忠告

数日前に亡くなった私の親友は、六浦基君といって高校時代の級友だった。しかし在学中はむしろ反目し合う関係にあった。それが卒業後すぐ、近所の銭湯で偶然出会ったことから急速に仲良くなった。まさに裸のつき合いから始まったと言える。彼は高校の英語教員から出発し、カウンセリングに出会ったことですっかり人生が変わった。以後、カウンセラー養成機関を設立し、自らもカウンセラーとして生きてきた。私とは随分と専門領域がはなれていたが、ともに切磋琢磨しながら時には厳しい批判をぶつけ合ったこともあった。まことに惜しみてあまりある親友の急死である。

さて、ここでは子貢が友人関係のあり方について師に質問した文章を取り上げるところから始めよう。

子貢、友を問う。子曰く、忠もて告げ善もて之れを導《みちび》く。可《き》かざれば則《すなわ》ち止む。自《みずか》ら辱《はずか》しめらるること毋《な》かれ（顔淵篇）

子貢が友人との人間関係について師の孔子に質問した。先生はこう言われた。誠意をもって忠告し、善意をもって導け。それでうまくいかない場合はいったん引下がることだ。こちらの善意を無理に押しつけて誤解され、嫌な目に遭うことは避けよ。

「忠もて告げる」とは、まごころを尽くして苦言を呈する、あるいは助言するという意味で、ここから忠告という熟語が生まれた。孔子が子貢に教えた内容はまことに孔子ならではの真摯な言葉と言えよう。相手がたとえば子路とか子張であれば、もう少し違ったニュアンスで語ったのではないか。孔子にとって子貢は真正面から話ができる弟子だったからである。ここまで読み進んできた読者も、私と同じような印象を持ったのではあるまいか。

再び私の親友である六浦君との話に戻らせてもらうと、彼はもうかなり以前にカウンセラー養成機関を閉じ、カウンセラーの仕事もほとんど断って悠々自適の生活に入っていた。私がいつまでも現役かそれに近い仕事に就き続けていたものだから、「いつまで続けるつもりだ、早く辞めて自由な時間を楽しんだ方がよいぞ」と、何度も〝忠告〟してくれた。それでも私が一向に言うことを聞かないものだから、とうとう彼も匙を投げたらしく、「君はやっぱり仕事人間やなァ」と言うようになった。私も、「俺はだぼ鯊《はぜ》だ」と応じたものだった（だぼ鯊とはすぐに餌に食いつくハゼ科の小魚の蔑称）。いま、私もかなり暇が持てるようになって、あの頃の六浦君の忠告がよくわかる。

それでは次に、やはり孔子の若い弟子である子游が語ったとされる、前文とよく似た内容の言葉を紹介しよう。

子游曰く、君に事《つか》へて数《しばしば》すれば、斯《こ》れ辱《はずか》しめらる。朋友《ほうゆう》に数すれば、斯れ疎《うと》んぜらる（里仁篇）

主君（または上司）に仕えた場合、あまりこせこせと諫言《かん》などしようものなら、嫌がられて遠ざけられたり、その地位を失ったりすることもある。また友人にうるさく言うと、かえって疎遠になったりするものだ。

数を「しばしば」と読むのが通説のようであるが、「すぐに」とか「早く」と読む解釈もある。その場合は、主君と早く親しくなろうとするとか、早く友達になろうと親しくする、といった意味に取れるが、ここでは「しばしば」と読む方が文章によく馴染むと思う。あまりこせこせと諫言などして敬遠されたり、極端な場合は職を失うことにならないようにしたいものである。つまりこの文章は、現代社会で私たちが上手に生きていくための一つの処世訓と言ってよかろう。

ここで子游の名前が出てきたので、この人物のことを簡単に説明しておくと、孔子よりも若いこと四十五歳、呉の人というから中国でも南の地方の出身である。師の孔子からは子夏とともに、「文学には子游、子夏」と評された孔門十哲の一人である。『論語』には孔子との対話や子游自身の言葉などが比較的多く載せられているが、その中から私好みで引かせてもらうと次の章が面白い。

子、武城《ぶじょう》に之《ゆ》きて、弦歌《げんか》の声を聞く。夫子《ふうし》莞爾《かんじ》として笑ひて曰く、鶏を割くに焉《いずく》んぞ牛刀を用ひん。子游対《こた》へて曰く、昔者《むかし》、偃《えん》や諸《こ》れを夫子に聞けり。曰く、君子道を学べば則《すなわ》ち人を愛し、小人道を学べば則ち使い易し、と。子曰く、二三子《にさんし》、偃の言は是《ぜ》なり。前言は之に戯《たわむ》れしのみ（陽貨篇）

先生が魯の国の武城という町を訪れた時、家の中から琴の音と歌声で礼楽の練習をしているのが聞こえた。先生はにっこり笑って、子游におっしゃった。「鶏のような小さいものを切り割くのに、どうして牛切り刀を使うのかね（大袈裟なことをするね）」と。子游が答えて言うには、「昔、私（子游の名は偃）は先生からこう教わりました。君子（為政者）が道徳を学ぶと人々を大切にするようになる。それに対して小人（ここでは庶民）がこれを学ぶと使いやすくなる、と。ですから私はこうして礼楽の練習をさせているのです」。これを聞いた孔子は、まわりにいた二、三人の弟子に向かって、「諸君、子游の言ったことが正しい。さっきの言葉は彼をからかったのだ」と言われた。

にっこり笑いながら、地方の長官となった若い弟子をからかう孔子。孔子の言葉に真正面から食ってかかる子游。そして慌てて前言を取り消す孔子。先生と生徒の微笑ましい原風景がここにある。

# 3　尊敬し合う交際

『論語』に晏平仲という人物を褒めた孔子の言葉が載っている。

子曰く、晏平仲《あんぺいちゅう》は善く人と交わる。久しくして之《こ》れを敬《うやま》う（公冶長篇）

先生が言われた。晏平仲は人との交際の仕方が立派だった。交際が長くなると相手に対する敬意を失いがちになるが、いつまでも敬愛し続けた。

晏平仲という人は、孔子とほぼ同時代に活躍した斉の宰相である。孔子の故郷である魯が小国であるのに対して、斉は逆に大国であり軍事的にも強国だった。ところが晏平仲が宰相の時代に斉は国内でクーデターが相次ぎ、政情不安な状況が続いた。そんな中で晏平仲はよく国内を安定させ、暗愚な景公を諫め励まして富国政策を推進した賢人宰相であった。

しかし、ここでの孔子の言葉を証明するような晏平仲の言動は、このほかは『論語』のどこにも見られない。ところが、この文章にある「……久しくして之を敬う」の「て」と「之」の間に「人」の文字を入れた日本の写本を使えば、「人之れを敬す」と読めるから、むしろその方が史実に近いのかも知れない。というのは『春秋左氏伝』という歴史書には晏平仲の言動が載せられていて、その中のエピソードから、「自分のことには無欲恬淡で、信や礼を重んじ、冷徹なものの見方をし、容赦なく直言する晏子（晏平仲のこと）像が彷彿する。彼が厳然として近づきにくい性格だったために、交際が深まってやっと理解できたというべきなのではないか」という見方もできるからである。（森田琢夫『万人のための論語読本』）。

そのいずれにせよ、人と人とが長い交際を続ける間にはついつい馴れ合いが生まれ、その結果、仲が悪くなるというケースが少なくないことを考えると、お互い尊敬し合ってつき合うことの大切さを教えてくれる孔子の言葉は忘れ難い。そういえば第一部9「『論語』で商売する」で紹介した渋沢栄一と大隅重信の関係でも、渋沢に言わせれば、「五十二年間、依然として旧交を維持していたのは、余が久しいご交際に馴れて大隅侯に敬意を欠くようなことをせず、侯もまた余に対して敬意を失うようなことをなされなかったからである。さもなければ、余と侯爵との間はとうの昔に仲違いになったろうと思われる」（『論語講義』）ということになる。渋沢はあくまで『論語』に忠実な男であった。

ここからは少し話が横道に外れるが、孔子は晏平仲の反対により斉にしかるべきポストを得る機会を失ったとする、史実ではないかも知れないが『論語』には載せられている記述がある。もしそれが事実だとすれば、孔子がそのような痛い目に遭いながらも晏平仲を褒めたのは、よほど公平な人物であったかを証明することにもなるので、この点に立ち入ってみることにする。

孔子が三十歳代後半の頃、魯では昭公によるクーデターが挫折し、昭公は隣国である斉に亡命するという一大事件が起きた。代々魯では宗家の分家にあたる季氏一族が政治を牛耳っていて、それに堪えかねた昭公が兵を起こしたのである。不意を食った季氏当主の季平子は追い詰められ、一時は昭公のクーデターは成功したに見えたが、やがて季氏一族の援軍が来てあっけなく収束した。その結果、昭公は命からがら斉に逃げ出し、間もなくその地で世を去った。昭公亡命後は魯の政治がいよいよ乱れ、それに嫌気がさした孔子も斉に旅立っている。その頃孔子は、まだ魯で重用されていなかったので、斉へ行って仕官しようと考えたらしい。次の章は、斉の景公が孔子を重く取り立てようとして待遇のことを相談したという挿話である。

斉の景公、孔子を待《ま》ちて曰く、季氏の若《ごと》くするは則《すなわ》ち吾れ能《あた》わず。季・孟の間を以て之れを待たん。曰く、吾れ老いたり、用《もち》うる能わざる也。孔子行《さ》る（微子《びし》篇）

斉の景公は、先生を重用しようとしてその待遇について語った。「魯の筆頭重役である季孫子のような待遇はできないが、季孫子と次席重役の孟孫子の中間ぐらいで待遇したい」と。（しばらく後になって）「私はもう年老いた。あの人を使うことはできない」と（前言を翻した)。こうして先生は斉を去られた。

孔子が斉に行き、その国の名族である高昭子《こうしょうし》を頼ったという事実はあったにしても、まだ魯でさえ高い地位に就いていなかった孔子を景公が魯の重役である季氏並みに待遇しようとしたという話は信用し難い。恐らくこの章は、孔子を聖化しようと企てた『論語』の編者が後につくり上げたものであろうという説が、専門家の間では定着している。

この章では、景公がいったんは孔子を重用しようとしたものの、すぐその後で前言を翻した理由を述べていないが、それについては『史記』の「孔子世家」に次のような文章がある。それは宰相の晏平仲が「孔子のような儒者は口先ばかりが達者で傲慢であり、自分だけが正しいと考えているので、そんな人間に人民を教えさせるべきではない……周の王室もいまではすっかり衰えて、礼儀や音楽の規範もすたれてしまった。孔子はその復活を目論んでいるが、作法を覚えることは一生かかってもできることではなく、孔子を用いて斉の風俗を改めさせることは得策ではない」と言って反対したという記述である。この話を巧みに取り込んだものと考えられる。

なお『論語』には、孔子が斉に滞在中、景公に政事について進言したとの章もあるが(顔淵篇)、これも真偽のほどは確かではない。また孔子が晏平仲と会って議論を交わしたという証拠はどこにも見つからない。したがって、ここでは孔子が素直に晏平仲を褒めたことにしておこう。それにしても、敬愛しつつ長く交際し続けることができる相手がいるのは、人生の宝と言えよう。

## 4　できる人間の条件

孔子が活躍した春秋時代末期における封建組織では、国ごとに諸侯（国君）をトップに卿《けい》、家臣、大《たい》夫《ふ》、士《し》という身分制度が敷かれていたが、徐々に下克上の風潮が現れて、身分関係が流動的になりつつあった。士または士人と呼ばれた下級官吏の台頭が、それを揺り動かす一つの原動力になっていたことも確かである。孔子の許に集まってきた門人の多くが士身分の子弟であるか、あるいは自らも士として就職したいとの希望を持つ若者たちだった。孔子としても、学問の道を究める人材を育てるだけでなく、しかるべきところへ仕官させることも、学園運営の一つの目的にしていたに違いない。また魯の高官たちもそれをのぞんでいた。

そこで、ここでは子路と子貢がそれぞれ孔子に士が備えるべき資質や要件について質問した章を紹介したい。いずれも兄弟や友人、または上司や先輩とのつき合い方について孔子が教えたものである。

子路、問うて曰く、何如《いかん》ぞ斯《すなわ》ち之れを士と謂《い》うべき。子曰く、切切偲偲怡怡如《せつせつししいいじょ》たる、士と謂うべし。朋友には切切偲偲、兄弟には怡怡たれ（子路《しろ》篇）

子路が師に尋ねた。「どういう条件を備えていたら士と言えるでしょうか」。先生が言われるには、「切切偲偲怡怡であれば士と言えるよ。友達には心を込めて励まし合い、兄弟には穏やかな愛情を持つことだ」。

「人を見て法を説く」達人の孔子ならではの教育法がここでも遺憾なく発揮されていて、猛々しく激情的な性格の子路には、対人関係で温和さが必要と心得ての諭し方である。切切偲偲は擬態語であり、相い励ます固い形、また性格はやわらかさを表現すると吉川は解説している。一方、子貢も孔子に向かって子路とまったく同じ質問を発しているが、ここではいつもの子貢の執拗な食い下がりに対しても、孔子は一つ一つ丁寧に答えているのが、子路の場合と対照的である。

子貢問うて曰く、何如《いかん》ぞ斯《すなわ》ち之を士と謂うべき。子曰く、己《おのれ》を行うに恥《はじ》有り。四方に使いして、君命を辱《はずか》しめざる、士と謂うべし。曰く、敢《あ》えて其の次を問う。曰く、宗族は孝を称し、郷党は弟《てい》を称す。曰く、敢えて其の次を問う。曰く、言《げん》必ず信、行い必ず果《か》、硜硜《こうこう》然として小人《しょうじん》なる哉。抑《そもそ》も亦た以て次と為《な》すべし。曰く、今の政《まつりごと》に従う者は何如。子曰く、噫《い》、斗筲《としょう》の人、何《な》んぞ算《かぞ》うるに足らんや（子路篇）

子貢が先生に尋ねた。「どういう人なら士と言えるでしょうか」。先生はこう答えられた。「自分の行動に非がある時はそれを恥じ、君命で他国に派遣されれば、与えられた使命を果たして恥ずかしくないよう行動する。これが士だ」。子貢が「強いてその次についてもお尋ね致します」と言うと、先生は「一族の人たちからは孝行者だと褒められ、郷里の人たちからは弟のように従順だと言われる者だ」。子貢はさらに「その次についてはいかがですか」と尋ねた。先生は「言葉に信頼が持て、行動は必ず果たす者だ。しかし形式的で小さく固まっていては困るがね」とお答えになった。最後に子貢が「最近の為政者はどうでしょうか」と尋ねると、先生は「器量の小さい人物ばかりで、ここで取り上げるまでもないよ」と言われた。

孔子から「言語には宰我《さいが》、子貢」と折り紙をつけられた子貢は、『論語』にも子路に次いで多く登場する。「言語」というのは、とくに外交交渉の際の弁舌のことを指す（吉川『論語』下）。確かに子貢は聡明で才気走った人物であったらしい。外交交渉に長けていたとの話もある。たとえば斉の景公が孔子の留守中に魯を討とうとして兵を挙げた際、その情報を事前にキャッチした孔子の命を受けた子貢が、何とか斉の魯攻撃を中止させようとして呉、越、晋を走りまわって説得した。それが成功したことを帰って孔子に得々と報告したところ、逆に孔子から「お前の弁才は天下一品だが、技に溺れてはならぬ。多弁は失敗を招く。以後は慎むがよい」と叱られたという。もちろん、これは史実ではなかろうが、それに似たことはあったのかも知れない。孔子は子貢の性格や性癖を熟知していたから、先の文章にあるような答え方をしたのであろう。

ここでもう一章、やはり子貢が孔子に質問した時の師弟の会話を取り上げよう。

子貢、問うて曰く、郷人皆《きょうじん》之れを好《この》まば、何如《いかん》。子曰く、未《いま》だ可《か》ならざる也。郷人皆之れを悪《にく》まば何如。子曰く、未だ可ならざる也。郷人の善なる者之れを好み、其の善《よ》からざる者之れを悪むには如《し》かず（子路篇）

子貢が先生に尋ねた。「土地の人全部から好かれる人物はどうでしょうか」。先生がお答えになった。「十分ではない」。さらに子貢が「土地の人がみな憎むような人はいかがでしょうか」と聞くと、先生は「それもまだ不十分だ。土地の人の中の善人が好み、善くない人が憎むというのには及ばない」と言われた。

土地の人すべてから好かれる人物というのは、よほどの人格者か、そうでなければ八方美人であり、土地の人すべてが嫌う人物は悪人か性格破綻者であろう。まずこのようなケースを考えるのは現実的ではない。人間への好き嫌いは自然に定まってくるものであり、それが人間の持つ理性だと思われる。

## 5　益者三友・損者三友

長い人生において、人との出会いはどのくらいあるのだろうか。もちろん、それは人によって、あるいは従事している職業や仕事の内容によっても大きく違ってくるだろう。誰と出会うか何に出会うかによって人生が決まる、とも言われる。しかし、その中にはつき合って得になる人、損になる人もあれば、是非友としたい人や反対にできれば避けたい人だっているに相違ない。人は利害関係だけでつき合うわけではなく、嫌でも一緒に仕事をしていかなければならない場合だってある。それが社会の中で生きる私たちの人生の難しさでもある。教員の世界は教育者を志した者同士の社会であるから、かなりの程度までうまくいくようにも見えるが、案外そうでもなく対人関係で悩む人も決して少なくない。こういう時、孔子ならどのように教えてくれるのか、またそれが現代にも通用するのだろうか。ここでは孔子の言葉を二つ挙げておきたい。

孔子曰く、益する者の三友あり、損する者の三友あり。直《なお》きを友とし、諒《りょう》を友とし、多聞《たぶん》を友とするは、益なり。便辟《べんへき》を友とし、善柔《ぜんじゅう》を友とし、便佞《べんねい》を友とするは、損なり（季氏篇）

孔先生がおっしゃった。つき合って有益な友人には三種類あり、有害な友人にも三種類ある。率直な人、誠実な人、博学な人とつき合うのは有益である。嫌なことを避けたがる人、人当たりがよいだけの人、口先だけの人とつき合うのは有害である。

この章には難しい言葉（語句）が並んでいる。有益な人の方はまだしも、有害な人の便辟、善柔、便佞の三語はとくに難解である。ここではそれぞれ、嫌なことを避けたがる人、人当たりがよいだけの人、口先だけの人と訳しておいたが、便辟については1「名刺が要らない社会」で述べたように、人の嫌がることを避けて媚びるという意味があり、善柔は裏と表がある人、そして便佞は心がいじけている人とも訳される。これらの語句は現代のわが国ではほとんど使われることがないが、語句が持つ意味を解すれば、そのような人間も社会には決して少なくないことに気づく。

また孔子は、益者と損者という言い方をしているが、これはたんに目先の利害を言っているのではなく、人間にとって真の意味での損益のことであると理解しなければならない。それでも私たちは、現実社会においてさまざまな人間とつき合っていかなければならず、単純に有益な人と有害な人を仕分けにかけて峻別することができないのは、まことに残念なことである。しかしその中でも、できれば長い間つき合っていける人物に出会う機会をつくる努力を惜しむべきではない。

子曰く、与《とも》に言う可《べ》くして、之《こ》れと言わざれば、人を失う。与に言う可からずして、之れと言えば、言《ことば》を失う。知者は人を失わず、亦《ま》た言を失わず（衛霊公篇）

先生がおっしゃった。ともに語り合うべき人物であるのに相手と会話をしないと、折角の友人になる機会を失うことになる。反対に話し合うべきでない相手と会話をするのは、言葉の無駄である。賢人は友人になる機会を見逃さないし、また言葉を無駄にすることもない。

人は長い人生において、何度かこの人こそと思える友人に出会える機会がある。それをみすみす見逃してしまったり、反対につまらぬ相手と会って無駄に時間を過ごしてしまう愚は避けたいものである。この章は友人のつくり方を教えてくれる大事な言葉に満ちている。「人を失う、言を失う」とは実に名文だと思う。孔子はこれをどういう時に、誰に語ったのだろうかと想像するだけでも楽しい。

ここまで書いてきて、ふと友情という語句を辞書ではどのように解説しているのかが知りたくなって、手許にある『広辞苑』を引いてみたら、「友情」に二つの項目が載せられていた。その一つは、「友人間の情愛。友達のよしみ」と月並みな内容だったが、それと並んでもう一つの項目には、「小説。武者小路実篤作。一九一九年（大正八）大阪毎日新聞に連載。若い芸術家の友情と恋の争いを描き、個性の可能性を信ずる理想主義を追求」と解説されていた。

この『友情』という小説は私も若い時代に読んだことを憶えてはいるが、その内容はほとんど忘れてしまった。本棚にも残っていないので書店で買い求めてきて、もう一度読み直した。内容は二人の若い作家の卵の友情を軸に、それが若くて聡明な美女をめぐる恋の鞘当てにより破滅にいたる過程を描いたもので、あれから何十年も経っているのに、今回も一気に読み終えた。現代の若い読者には男女間の愛の相克ぶりがもどかしく感じられるかも知れないが、この作品が発表以来長く青春小説として多くの青年を魅了し続けたことは事実である。

一人の女性を一方的な思い込みで愛した純情な主人公が、自分の胸のうちを親友に吐露する過程で、相手の女性は逆に親友の方を愛してしまう。親友もその女性に惹かれていくが、あくまで主人公との友情を優先して自分の気持ちを相手に伝えようとはせず、ヨーロッパに行ってしまう。主人公は女性に結婚を申し込むが素気なく断られる。女性は主人公の親友に手紙を書き、その中で「友への義理より自然への義理をえらんでほしい」と説得する。親友も最後には友を捨て、彼女と結婚することを決意した。それを知らされた主人公は、「僕は傷ついた獅子だ。そして吠える。君よ、仕事の上で決闘しよう。……僕は一人で耐える。そしてその淋しさから何かを生む。……傷ついても僕は僕だ。いつかは更に力強く起き上るだろう」と親友に絶交の手紙を書き、そして泣いた。

いまから九十年も前の小説に描かれた友情であるから、いまの若い人たちは読んで歯痒い気持にさせられるかも知れない。しかし、友情の持ち方や表現方法には時代の変化もあろうが、その本質はいつまでも変わらない。

## 6　相手を説得する方法

前節に続いて、小説『友情』の話から始めることにしよう。主人公と彼の親友は同じ学校に通い、小説を書いているという点で共通していた。人生の目的や生き方についてもよく似たところがあった。だから二人は互いに尊敬し合い、励まし合うことができたのである。それが、一人の女性を同時に愛したという〝事件〟によって、友情は終末を迎えることにはなったが。

親友ができるのは、高校生か大学生ぐらいの歳の場合が少なくないような気がする。いずれも多感で傷つきやすい年頃であるため、魂が相寄るのであろう。もちろん、小学校や中学校からの親友もいるのだろうが、小・中学校では仲良くても、高校から先はそれぞれの進路が多様化して出会う機会が少なくなり、自然と疎遠になりがちである。

少し話が友情に傾きすぎたので、ここで孔子の言葉の中から今度は逆に、ともに行動できそうもない人間についての教えを聞くことにしたい。

子曰く、道同じからざれば、相《あ》い為に謀《はか》らず（衛霊公篇）

先生がおっしゃった。志《こころざし》や考え方が同じでない者とは、ともに話し合うことができない。

まことにその通りである。これは個人の場合にも、また組織においてもありうる大きな問題である。目的や思想が根本的に異なっている相手とは、チームを組んで一緒に何かを成し遂げることはできないからである。

孔子がいつ、どういう局面でこの発言をしたのかはわからないが、すべての人と調和を保っていきたいというのが孔子の理想であったし、また孔子は並外れて広い包容力を持っていたから、よほどのことがなければこのような言葉は出なかったに違いない。司馬遷が『史記』「伯夷列伝」の中で、富貴を求める者と道徳を求める者とは別世界の人間であるとして、この孔子の言葉を評したと吉川幸次郎は述べている が（吉川『論語』下）、孔子の志からすればこの相違は到底相容れることはできなかっただろうと理解できる。

第一部3「学者と貧乏」のところで紹介した孔子の言葉を、ここでも繰り返すことになるが、「粗末な食事を食べて飲みものは水だけ。肱を曲げて枕として寝る。そのような質素な生活の中にも楽しみがある。不当な方法で得た財産や高い地位は私にとっては浮雲のようなもので、何の関係もない」というのが孔子の基本的生活態度であった。したがって、富貴を目指す人とはともに語ることはできなかったであろう。

志が大きく異なれば、「ともに語り合うことができない」ということで最初から離れてしまうか、途中で袂を分かつしかないが、「小異を捨て大同につく」の言葉通り、細かい点で妥協はするが主要部分は自論を貫き通すことも不可能ではあるまい。この点に関して、村山孚《まこと》は『論語一日一言』で『韓非子』を引いて興味ある戦術論を教えてくれる。『韓非子』というのは、法治主義を掲げて秦の始皇帝に仕え、法家思想の中心人物となった韓非子の著書である。

韓非子が説くやり方とは、誰か（何人か）と組んであるプロジェクトを立ち上げたり実行しようとする場合、まずその意義なり目的なりについては相手と同じ立場であると思わせるように説明する。相手の立場に立って、こちらも同意できる部分があるなと感じると、まずその点を主張する。それを聞いた相手は、自分と同じ考えだと安心して心の扉を開くようになる。ここまでくるとしめたもので、おもむろにこちらの考えを主張して説得していくと、成功に導くことが多いというのである。この方法は現代社会でも十分に通用する。

はじめからこちらの考えを一方的に主張すると、たとえ相手も同じ意見を持っていたとしても、体面上といきがかりでかえって反対されたり、別の主張をしてくることがあることを経験した読者も少なくないのではあるまいか。たとえば教員が生徒のことで子どもの親と話し合う場合とか、ＰＴＡの役員たちと学校側の方針を相談する時などに、案外役に立つ戦術だと私も考えることがある。モンスター・ペアレントなどと敬遠して対話することを嫌がるのではなく、もっと積極的に若い親たちと接する方が好い結果を生むのではないか。親にしてみれば子ども可愛さのあまり、学校や教師に文句を言う場合もあるだろう。しかし教師だってたとえ立場は異なっても、子どもが可愛いという点では同じはずである。だからどこかで折り合える点を見つけることができるに違いない。

韓非子の思想にもう少し立ち入ると、何と言っても有名なのが「矛盾」の論理であろう。韓非子が好んで使った説話に次のような話がある。

昔、楚の人で矛《ほこ》と盾《たて》を売る商人がいた。この矛はどんな堅牢な盾でも突き通すことができると宣伝し、その一方で、この盾はどれほど鋭利な矛でも突き通すことができないと言って、矛と盾を売っていた。客の一人が「それでは、その矛でその盾を突いたらどうだ」と言うと、商人は答えに窮してしまった（『韓非子』「難一篇《なんいつ》」）。

韓非子はこの「矛盾」の論法で孔子を始祖とする儒家を強く批判した。孔子とその教えを広めた弟子たちは、伝説の世界の天子である堯《ぎょう》・舜《しゅん》の時代を理想の徳政であったと賛美したが（たとえば『論語』では、「大なるかな堯の君たるや。巍巍《ぎぎ》として唯《た》だ天を大なりと為す」とか、「巍巍たるかな、舜・禹《う》の天下を有《たも》てるや」など。ともに泰伯篇）、韓非子に言わせればそれこそが大きな「矛盾」だという。

堯が偉大な天子で徳政を敷いていたのであれば、農民の子にすぎなかった舜を取り立てて内政を任せる必要はなかったはずである。その舜も偉大な天子だったのなら、堯・舜の二人を同時に偉大な聖人として賛美するのは矛盾しているというのが、韓非子の主張であった。なかなか説得力のある論法だと感心させられる。しかし、『論語』で孔子の言葉とされる先の泰伯篇の二章は、後世になって『論語』の編者が挿入した文言だったらしい。とすれば、孔子もとんだ論難に遭ったものである。

## 7 仁に近い人

『論語』には仁《じん》に関する章が最も多い。なかでも、孔子の言葉が群を抜いて多いのが特徴であるが、そうかといって、「仁とは何か」を真正面から定義している章はほとんど見られない。むしろ孔子は、弟子たち一人ひとりに対して仁者《じんじゃ》たる者の心構えや行動のあり方を教えようとしたのである。後世になって、仁とは人間愛だとか心に備わった徳などと解釈されてきたが、仁とは何か、結局のところはよくわからない。ここで紹介するのは、どういう人間が仁者なのかを孔子が具体例で示した、数少ない見本のような文章である。いずれもきわめて有名な語句から成っていて、私たちもよく知っているが、その具現は難しい課題でもある。

子曰く、巧言令色《こうげんれいしょく》、鮮《すくな》し仁（学而篇）

先生が言われた。巧みなお世辞やつくられた愛嬌で外に自分を飾ろうとするような人物には、仁（人間愛、まごころ）は少ないものだ（ほとんどない）。

次の章もこれとよく似た文言と内容であるから、孔子は弟子たちに何度も熱っぽく説いたのではあるまいか。そんな孔子の思い入れが伝わってくるような名文だと思う。

子曰く、巧言、令色、足恭《すうきょう》、左丘明《さきゅうめい》之れを恥ず。丘《きゅう》も亦た之れを恥ず。怨《うら》みを匿《かく》して其の人を友とするは、左丘明之れを恥ず。丘も亦た之れを恥ず（公治長篇）

先生がおっしゃった。巧みなお世辞やつくろった愛嬌、それにバカ丁寧さ。このような態度を左丘明は恥じたが、私（丘）も同様にこれを恥とする。また嫌な人物と知りながらやむなく友人とすることを左丘明は恥じたが、私も同様に恥とする。

ここに出てくる左丘明については、どういう人なのかよくわからない。一説には『春秋左氏伝』の著者とも言うが、真偽のほどは不明である。ひょっとすると孔子の弟子か後輩に当たる人かも知れない。いずれにしても、孔子が例に挙げているところを見ると、しかるべき人物ではあろう。

その左丘明が恥じる巧言、令色そして足恭（バカ丁寧さ）な態度を取ることが恥なのか、あるいはそのような人間とつき合うことを恥とするのか、そのあたりははっきりしない。しかし文章の後半で「怨みを匿して其の人を友とするは、左丘明之れを恥ず」とあるところを見ると、自分のことではなく、そういう人間と知りながら友人をして交際することが恥ずかしい、と解した方がよいのではなかろうか。

このことは、現代社会に生きる私たちにとっても他人事とは思えない。会社や官公庁、それに学校現場などにも、こういう人物は実際に見られるが、かといってこれを避けて通るわけにはいかないのが現実である。左丘明や孔子ならこれを恥としてつき合わないか、それとも超然としていられたであろうが、私たちにはそれができない複雑な現代社会に組み込まれている。しかし、せめてそれを「恥とする」心だけは持ち続けたいものである。

「巧言令色、鮮し仁」という言葉を聞くと反射的に頭に思い浮かぶのは、これとまったく反対に、孔子が「仁に近し」と言った人物像のことである。これを次に紹介しよう。

## 子曰く、剛毅木訥《ごうきぼくとつ》、仁に近し（子路篇）

先生曰く、剛毅木訥な人は仁に近い。

この言葉は古来、そのまま四字熟語として使われてきたと言われるが、一字ずつばらばらにして解釈すると、無欲で真っ正直（剛）、勇猛果敢（毅）、質朴で飾りっ気なし（木）、口下手で寡黙（訥）という意味になる。要するに巧言令色とはまったく逆の人物を表現する言葉である。孔子に言わせれば、こういう人物は仁者とまでは言えないまでも、仁者に近い人だということになる。これなら現代でも、稀にはお目にかかれそうな気がする。

この節を結ぶにあたってもう一つ、『論語』の中でも最も簡潔で短い章を挙げておきたい。それは、私のように長年、経済学を修めてきた者にとってはきわめて関心の高い、利（利益）を仁と同列に置いて論じているからでもある。まずはその章を見よう。

子、罕《まれ》に利と命と仁とを言う（子罕篇）

先生は利益と運命と仁についてはめったにおっしゃらなかった。

多くの論語研究者はこの章に違和感を持つようである。何故なら、孔子にとって最も重要なタームであるである命と仁、とくに仁を利と並べて「罕に言う」と述べられているからである。確かに『論語』には、利のほか富貴や貨殖といった経済用語はほとんど現れない。孔子がこうしたことに、いたって無頓着だったことは理解できるが、それならどうして仁と利とを同列に扱ったのであろうか。専門家は利がネガティブな概念だから孔子が滅多に口にしないのは当然だが、仁はあまりにも重要な徳目であるため、簡単には説くことがなかったのだという。この考え方に私は賛成できないので後述したい。

## 8　八仁という名前

孔子はできる限り多くの人と出会い、教え、あるいは教えを乞い、互いに胸襟《きょうきん》を開こうとした〝君子〟であった。しかし、孔子とて生身の人間である。なかには「この人間とは一緒にやっていけない」とか、憎むことのある人間もあったのではなかろうか。そうした凡人の思いを師にぶっつけたのが子貢の質問である。ここではまず、この章を参考にしながら話を進めることにしよう。

子貢曰く、君子も亦《ま》た悪《にく》むこと有るか。子曰く、悪むこと有り。人の悪《あく》を称する者を悪む。下流に居《い》て上《かみ》を訕《そし》る者を悪む。勇にして礼無き者を悪む。果敢にして窒《ふさ》がるものを悪む。曰く、賜も亦た悪むこと有るか。徼《かす》めて以て知と為す者を悪む。不遜にして以て勇と為す者を悪む。訐《あば》いて以て直《ちょく》となす者を悪む（陽貨篇）

子貢が師に向かって、君子も人を憎むことがあるのかと尋ねた。先生がお答えになった。「憎むことはあるよ。他人の悪い点を言い触《ふ》らす者を憎む。部下であるのに上司をけなす者を憎む。勇敢ではあっても礼儀知らずの者を憎む。思い切った行動をするが行き詰ってしまう者を憎む」。先生が子貢におっしゃった。「お前も憎むことがあるか」と。子貢は答えた。「ございます。人の言葉をかすめ取って物知り顔をする者を憎みます。傲慢《ごうまん》な態度を勇気があると思っている者を憎みます。他人の秘密をあばいてそれが正直であると思っている者を憎みます」。

孔子の言葉には、人間の善意を信じ、信頼と愛情に関する道徳が多く語られる反面、憎悪の道徳が述べられることは少ないとの指摘もあるが（吉川『論語』下）、この章はその数少ない例の一つに挙げられよう。また文章の後半、子貢に向かって孔子が「お前も憎むことがあるか」と尋ねたのに対して、ここでは、子貢が「私にもございます」と答えたことにしておいたが、その部分も孔子自身の言葉であるとする解釈がある。いずれにしても、孔子の考えを敷衍《ふえん》したものであるとみて間違いない。

この章の内容と関連して、次に掲げる二つの章も示唆に富む孔子の言葉である。ここにも仁とか仁者が出てくるので、前節を参考にして頂きたい。

子曰く、苟《いやし》くも仁に志《こころ》ざせば、悪《あ》しきこと無き也（里仁篇）

先生が言われた。仁（人間愛）の道を志したならば、悪《あく》は無くなる。

悪を「あく」と読むか、それとも前章のように「にくむ」と読むかによって、意味は相当に違ってくる。「あく」と読んで悪事と解すれば、世間で悪事を働く者はいなくなるという意味になるが、「にくむ」と読むと「人から憎まれない」と解釈される。ここでは悪事としておいたが、私自身の好みから言えば「憎まれない」と読む方がすんなりと理解できるような気がする。もう一つ、この章の直前にある次の章も掲げておこう。

子曰く、惟《た》だ仁者のみ能《よ》く人を好み、能く人を悪《にく》む（里仁篇）

先生のお言葉。「真の人間愛を持った人（仁者）だけが本当に人を好み、人を憎むことができる」。

何故なら、仁者は公平であり私心を持たないため、正しく人間を評価することができるというのが、孔子の基本的な考え方だった。私のように太平洋戦争の末期に小学校（当時は国民学校）を卒業した者でも、学校で正科だった「修身」という、今なら「道徳」に当たるような（とは言っても、内容や意図するところはまったく違っていたが）教科で、仁という概念を教わった記憶がない。だから『論語』に出会うまでは、仁という字を見てもピンとこないまま人生の大半を過ごしてきた。

いささか本筋から外れ、仁を茶化したような話になるので躊躇《ちゅうちょ》するが、私が仁という字を知ったのは「仁丹」がはじめてではなかったかと思う。仁丹というのは小粒で銀色の丸薬で、現在でも売っている。どれほどの薬効があるのかは不明であるが、口に含むと爽快になり、頭がすっきりするような気分にはなる代物である。森下仁丹という会社の製品だ。

仁が人間愛を意味する語であることは、すでにふれた通りだが、丹という字を辞書で引くと、丸薬の名前に使われるとあったが（たとえば万金丹など）、それ以外に「まごころ」という意味もあるらしい。したがって、仁と丹でまごころと思いやり、人間愛を表現することになって有難い丸薬だと、改めてそのネーミングの卓抜さに感心させられた。

私はこれまでにも、『論語』についての講義や講演を行ってきたが、ある民間企業の役員会メンバーを対象に毎月一回、一年ほど続けて講義したことがある。その中の取締役の一人が、自分の名前が八仁《はちひと》であると発言した後、続けて曰く、「父親が私に妙な名前をつけたものだから、子どもの頃に『八《はち》、八《はち》』と呼ばれるのが嫌だった」と。私が「貴方の名前には仁が八つもあるのだから、仁を大事になさい。きっとお父さんは、我が子に仁の多い人生を歩んでほしいと願って、八仁と名づけたに違いないのですから」と言うと、その人はにわかに涙ぐんだことを思い出す。その時私は、孔子の晩年の篤実な弟子である子夏の言葉を彼のためにえらんで解説した。ここでは、とくに現代語訳はつけないでおく。

子夏曰く、博《ひろ》く学びて篤《あつ》く志し、切《せつ》に問ひて近く思ふ。仁其の中《うち》に在り（子張篇）

## 9　会いたくない人

突然に人が訪ねてきた時、それが会いたくない人間であったら、貴方はどうやって断るだろうか。現代人の私たちも時折りそういった経験をすることがある。孔子にもそれと同じ経験があったらしい。ここではまず、孔子の断り方を教わることにしよう。

孺悲《じゅひ》、孔子に見《まみ》えんと欲す。孔子辞《じ》するに疾《やまい》を以てす。命《めい》を将《おこな》う者、戸を出づ。瑟《しつ》を取りて歌い、之れをして聞かしむ（陽貨篇）

孺悲という人が先生に会いに来たが、先生は会われたくなかったので、病気だと言って取次ぎの者に戸口に出てお断らせになった。そのタイミングで先生は瑟（琴の一種）を弾き、歌を唄って、会いに来た孺悲に聞こえるようになさった。

ここに出てくる孺悲がどういう人物なのかよくわからないが、『礼記』には魯の哀公に仕えた人で、公の命を受けて士喪礼（士分の喪儀に関する手続き？）を孔子に学んだとあるそうで、それなら広い意味で孔子の弟子に当たると言えそうな人物である。しかし、どのような理由で孺悲が孔子に会おうとしたのか、また孔子が何故、孺悲に会いたがらなかったのか、そのあたりは不明である。

それにしても、孔子の断り方は手が込んでいて含蓄に富んでいると思う。まず取次ぎの者に病気を理由に断りを言わせ、その時タイミングを計ったように瑟（二十五絃もある大型の琴らしい）を弾き、しかも歌まで唱って孔子が在宅していることを孺悲に知らせ、仮病を理由に会わない理由は相手側にあると知らせようとしたやり方は、まことに高等戦術である。

村山孚は『論語一日一言』の中で、「孔子は巧みに二つの目的を果たした。まず病気を理由に面会を断れば相手の顔が立つし、しかも在宅しているのに会わない理由はそちら側にあることを悟らせようとする、〈非言語メッセージの見本〉だ」と褒めている。しかし、われわれ凡人に真似ができる芸当ではなさそうである。

その孔子にも失敗話がある。それもここで紹介しておきたい。孔子はいつか機会を見て、政治に参画したいとの希望を持っていたものの、容易に実現しなかった。一方、魯公を凌ぐ勢力があった重臣の季氏に仕えた陽貨（陽虎とも言う）は、やがて主家の権力を超える力を持つようになる、下克上の見本のような人物だった。その頃の話である。

陽貨、孔子に見《まみ》えんと欲す。孔子見えず。孔子に豚《いのこ》を帰《おく》る。孔子其の亡《な》きを時として往《ゆ》きて之れを拝す。之れに塗《みち》に遇《お》う。孔子に謂いて曰く、来たれ。予《わ》れ爾《なんじ》と言わん。曰く、其の宝を懐《いだ》きて其の邦《くに》を迷わす。仁と謂うべきか。曰く、不可なり。事に従うことを好みて、亟《しば》しば時を失う。知と謂うべきか。曰く、不可なり。日月逝《ゆ》く、歳《とし》、我れを与《とも》にせず。孔子曰く、諾《だく》、吾れ将《まさ》に仕えんとす（陽貨篇）

陽貨は孔先生に会いたいと思ったが、先生は会われなかった。そこで陽貨は先生の留守中に子豚を贈った。先生は陽貨の留守を見計らってお礼の挨拶に出掛けたところ、折り悪しく、途中でばったり出遭ってしまった。陽貨は先生にこう言った。「来られよ、貴方に話したいことがある。宝を懐に抱きながら国を乱れたままにしておいて、それが仁と言えますか」。先生は「言えません」と答えられた。

陽貨「政治で腕を振いたいと思われながら、その機会を何度も逃しておられる。それが知と言えますか」

孔子「言えません」

陽貨「時が経つのは早い。歳月はわれわれを待ってはくれませんぞ」

孔子「はい。いずれお仕え致しましょう」

陽貨は行政能力に長け名望も高い孔子を何とかわが陣営に取り込もうとし、反対に孔子は陽貨のような人間に仕える気持ちはさらさらなかったから、お互いに留守中を狙ったのである。まず陽貨が子豚（おそらく蒸し焼き）を届けさせた。陽貨は魯の重臣に仕える大夫の身分である。高い位の者から贈り物をもらったら、必ず自分で出向いて礼を述べるのがしきたりであった。そこで孔子は、わざわざ陽貨の留守中を見計らって挨拶に行こうとした。ところが運悪く（と言うより、陽貨は待ち伏せしていたのではないか）、孔子は途中で陽貨につかまってしまい、先のような会話が交わされた。孔子はその場では、「お仕えしましょう」と答えたものの、結局のところ約束は守らなかった。それを順辞《じゅんし》（つまり「嘘も方便」）と言う。

この後、陽貨はクーデターを起こして魯の国政を握ったが、やがて重臣グループ（三桓氏）の巻き返しにより国外逃亡する破目に陥った。余談になるが、孔子の亡命放浪中に匡《きょう》という土地で陽貨と間違われ、武装集団の襲撃を受けたことがあった。魯から逃亡した陽貨がこの地で乱暴を働き、住人たちは再び陽貨がやってきたと勘違いして孔子一行を襲ったのである。どうやら孔子の容貌が陽貨に似ていたのが誤認の原因だったらしい。というのも、孔子は身長が二メートルもあるという説もあるくらいの偉丈夫であったから、人違いされたのかも知れない。そのために孔子一行はしばらく散り散りになり、孔子も生死の間をさまよう結果になった。

この節では、会いたくない人と会わずに済ませる方法を話題にしながら、話が横滑りになってしまった感があるが、孔子の一面を知る機会にはなったと思う。

## 10 用行舎蔵で生きる

第三部の終わりに、私が『論語』の中で最も好きな章の一つを掲げることにしたい。それは「用行舎蔵《ようこうしゃぞう》」という熟語になって知られている孔子の言葉である。何事においても、出処進退は潔くすべきだという際に用いられる。またこの章の後半には、孔子が顔回に向かって話すのをそばで聞いていた子路がむくれた話も入っていて、これに対して孔子が、いつものように笑いながら子路をたしなめるなど、師弟の仲睦まじい様子が手に取るように伝わってくる。

子、顔淵に謂《い》いて曰く、之《こ》れを用うれば則《すなわ》ち行《おこな》い、之れを舎《す》つれば則ち蔵《かく》る。惟《た》だ我れと爾《なんじ》との み是《こ》れ有るかな。子路曰く、子、三軍を行わば、則ち誰と与《とも》にせん。子曰く、暴虎馮河《ひょうが》して死して悔い無き者は、吾れ与《とも》にせざるなり。必ずや事に臨みて懼《おそ》れ、謀《はか》りごとを好んで成す者なり

（述而篇）

先生が顔淵に向かって言われた。「登用されれば一生懸命に仕え、罷免《ひめん》されたら潔く引退す

る。こうした出処進退は私とお前しかできないだろうな」。これを聞いた子路が（勇み立って）言った。「もし先生が大軍を指揮されるとしたら誰と行動を共にされますか」。先生が答えられた。「私は、虎に素手で立ち向かったり、大河を歩いて渡ったりして、死んでも後悔しないような者とは仲間になれないな。大事を前にしたら慎重に十分な計画をもって臨み、それを成功させる者でないと一緒には組まないよ」。

---

この章のポイントは、顔淵と子路の二人と孔子が対話しているところにあると思われる。二人とも孔子にとっては可愛く信頼の置ける弟子であるが、タイプはまったく正反対である。恐らく孔子は子路に対して、無謀にも権力抗争に巻き込まれることのないようにと諭したかったのであろう。しかし子路には孔子の真意を汲み取ることができなかったために、孔子はさらに痛烈な一撃を放ったのである。これには、さすがの子路も首《こうべ》を垂れたに違いない。

ところで私が最も好むのは、むしろこの章の前半部分であって、「之れを用うれば則ち行い、舎つれば則ち蔵る」の潔さにある。とくに「舎蔵」つまり職を辞める時が難しい。その本人にとって魅力あるポストであればあるほど、恋々として離れたくないのが人情でもあろう。しかし任命者や上司が、もっと広く言えば社会がその人を必要としなくなったり、またその職に就いているべきではないと判断された場合でも、なおポストにしがみつこうとするのはまことにみっともない。私はこの「用行舎蔵」の四字熟語を書にして額縁に収め、会社役員や官公庁の特別職に就任した知人や友人にプレゼントすることにしている。座右の銘にしてほしいからである。

教員の世界では、出処進退を潔くしなければならないような局面はそれほど多くあるまい。もともとがかなりフラットな身分社会だからである。それでも校長や教頭といった管理職の立場にいる人は、絶えずこの問題に敏感であってほしい。その点、政治家や企業経営者などでは高職位の人ほど責任問題がついてまわる。自分自身が悪い事をしたわけではなくても、たとえば思わぬ大事故が起きたり（ＪＲ西日本の列車脱線事故や、最近では東京電力の福島第一原発事故など）、部下に不祥事が発生したりする場合など、管理者責任を問われることが少なくないからである。そのような時に役職に恋々として責任を回避しようとする、そんな見苦しい姿をさらしてほしくないものだ。

何しろ、一度掴んだおいしいポストはそれこそすっぽんのように食いついて放れないという種類の人間が、現代社会にも何と多いことか。そういえば、このようなケースは二千五百年前の孔子の時代にもあった。それは次の章を見るとよくわかる。

子曰く、鄙夫《ひふ》は与《とも》に君に事《つか》う可《べ》けんや。其の未《いま》だ之れを得ざらば、之れを得んことを患《うれ》え、既に之れを得れば、之れを失わんことを患う。苟《いやし》くも之れを失わんことを患うれば、至らざる所無し

（陽貨篇）

先生がおっしゃった。つまらない男とは、どうして一緒に主君に仕えることができようか。なぜなら、まだ下っ端で望む地位が得られないうちは、それを手に入れようとあくせくしているし、いざその地位を得たら、今度はそれを失うまいと心配ばかりしている。しかも地位を失うことを心配しだすと、身の保全のためにはどんなことでもやりかねないからだ。

原文の一行目にある「与」という字を、ここでは「ともに」つまり「一緒に」と訳してあるが、別説では「もって」という読み方もあるそうで、そうなると「一緒に仕えることができない」ではなく、「仕える資格がない」という意味になる。もちろん、いずれにしても心のいやしい人間である点は変わらない。しかし、そのような人間が同僚にいること自体が、もっと我慢ならないと考えた方がリアルであろう。

孔子にもそのような経験があったに違いない。孔子は五十歳代の前半に、しばらく魯の高官に就いていたことがあり、まわりの人間の中に地位に恋々とするこの種の輩がいたのではあるまいか。また子罕篇にも「吾れ少《わか》きとき賤《いや》し。故に鄙事《ひじ》に多能なり」という言葉もある。恐らく孔子が若い時誰かに仕えて、このような見聞をしたとも考えられる。それにしても、「地位に執着するとどんなことでもやりかねない」というのは、いつの世にも変わることがないとつくづく考えさせられる。やっぱり用行舎蔵の精神で生きたいものである。

# 第四部　よき指導者になろう

## 1　フラットな学校組織

私はこれまで、民間企業の経営に直接タッチしたりあるいは外側から助言するなど、いくつかの企業に関与する機会があったから、学校の組織や経営を垣間見ていると両者の違いが嫌と言うほどよくわかる。最も大きな相違点は、学校というところは管理職の数が極端に少なく、上下関係がきわめてフラットなことである。

もちろん、大企業に往々見られるような、複雑な組織がもたらす意思決定の遅さや責任の曖昧さに比べると、フラットな学校組織の方がはるかに効率的な面もあるだろう。しかし、それは校長と教頭という管理職の能力や見識が高いことが大前提であり、もし学校組織のトップに人を得なければ、たちまち学校経営は崩壊の危機に直面することになる。その意味で、とくに学校長の役割はきわめて重大だと言える。

第四部では、学校も含めて組織のリーダーに要求される資質や能力あるいは人格といった問題を、『論語』の中に探ってみようと思う。読者が校長先生なら、そしてまた近く校長を目指している人なら、そこから何か学校経営の参考になるヒントを見つけることができるかも知れないからである。

子曰く、其の身《み》正しければ、令《れい》せざれども行われる。其の身正しからざれば、令すと雖《いえど》も従わず（子路篇）

先生が言われた。上に立つ者は、自分自身のあり方が正しければ、命令しなくても人びとは方針に従う。自分のあり方が正しくなければ、いくら命令しても従わない。

「その身正しければ」という言葉を、生活態度が正しいとか身持ちがよいという意味に解すると、何も組織の長やリーダーだけに要求されるものではなく、人間すべてがそうあるべきだということになるだろう。しかし、ここで孔子が言う身の正しさとは、部下たちの模範となるような身の処し方を指しているのであろうと、私は思う。

最近（だけではないが）の中国では、地方の省や都市の幹部がしばしば汚職にまみれ、罪の重い者は死刑に処せられたりする例が後を絶たないと聞く。上に立つ者がこういった不道徳者であれば、部下がついていくはずはないし、自分もその恩恵にあずかりたいと、汚職に手を貸す者だって現れるに違いない。温家宝首相は時々、「中国は儒教の国だ」という言葉を口にするが、私に言わせればとんでもない、いまや少なからぬ数の中国人が道徳心を失い、カネまみれになっているという気がしてならない。現にそういう光景を中国で一度ならず目にしてきた。

さて、この章とよく似た章が同じ子路篇にあり、やはり孔子の言葉が綴られているが、こちらの方が一歩踏み込んだ表現であり、趣きも深い。

子曰く、苟《いやし》くも其の身を正しくせば、政《まつりごと》に従うに於《お》いて何か有らん。其の身を正しくすること能《あた》わずして、人を正すことを如何《いかん》せん（子路篇）

先生がおっしゃった。上に立つ者が自分自身を正しくすれば、政治（行政、経営）は何も難しいことはない。自分自身を正しくすることができないようでは、どうして人びとを正しく導くことができるのか。

大会社なら、大多数の社員は会長や社長などの経営トップと顔を合わせることはほとんどないし、言葉を交わす機会もあるまい。それでもトップの人柄は組織全体に大きな影響を及ぼすことが少なくない。ましてや小さな会社や職場では、社長・事業主はもちろん、組織の長やリーダーの個人的影響力はきわめて大きい。学校でも事情はこれと変わらないと思う。少子化の影響で児童や生徒の数が減り、教員の数も昔に比べればかなり減少している現在では、校長や教頭が接する教員の数はせいぜい数十人であろう。数から言えば教室一クラスの子どもと接している教員と同じような規模である。教師の人柄が子どもに直接大きな影響を及ぼすのと同様に、校長や教頭の人格や言動は教員にも大きく影響すると言って過言ではない。

人間関係は相互的なものだとつくづく思う。こちらが相手を疎ましく思えば相手も同じようにこちらを疎む。反対にこちらから相手に好意を見せれば相手も好意を返してくる。それは上下関係でも同様で、とくに部下は上司の一挙一動にまで注目する傾向があるから、リーダーたる者としては絶えず下から「見られている」、あるいは「見張られている」覚悟を持って行動する必要があるだろう。これは決してオーバーな言い方ではない。

『論語』の中に見える孔子の言葉には、堯《ぎょう》・舜《しゅん》・禹《う》といった古代中国の聖王たちを賛美するものが多く見られる。それというのも、これらの聖王たちは「修己治人」とか「修己安人」といって、自らの徳を磨いて（修己）人民を統治し（治人）、人民の幸せのために尽くす（安人）ことを自らの使命と考えていたからである。孔子は戦乱が続いて世の中が乱れた春秋時代にも、堯・舜のような徳政を甦らせたいと念じていた。空想的理想主義と言ってしまえばそれまでだが、指導者たる者に対して、「其の身を正しくする」ことをひたすら願っていたことは間違いない。

校長や教頭といった学校組織の管理職だけでなく、広く教育に携わる人たちは社会からは教育者と言われて、悪事は働かないと信用されてきた。そのためか、教師が飲酒運転や軽犯罪を犯したりすると、マスコミは鬼の首を取ったように騒ぎ立てる。教師は損な職業のようだが、それだけ世間が信頼を寄せているのだから、できる限り身を正しくすることに留意しなければなるまい。

## 2 君子は器ならず

ここでは前節と反対に、指導者に仕える部下の立場から見て、仕事がしやすいリーダーと、反対にそうではないリーダーについてふれることにしよう。これも孔子の言葉を中心に、指導者のあるべき姿を描き出してみたい。

子曰く、君子は事《つか》え易くして、説《よろこ》ばせ難きなり。之れを説ばすに道を以てせざれば、説ばざるなり。其の人を使うに及びてや、之れを器《うつわ》とす。小人は事え難くして説ばせ易きなり。之れを説ばすに道を以てせずと雖《いえど》も説ぶなり。其の人を使うに及びては、備わらんことを求むなり（子路篇）

先生が言われた。君子（徳のある指導者）には仕えやすいが、喜ばせるのは難しい。道理によって仕えなければ満足してはもらえないからだ。また人を使う時には才能に応じた使い方をしてくれる。反対に小人（度量の狭い指導者）には仕えにくいが、喜ばせるのはやさしい。道理に合っていなくても満足するからだ。しかし人を使う時はいつも完全を要求してくる。

『論語』の中で随所に出てくる君子と小人は、それぞれの状況設定でいろいろな解釈ができると思われるが、この章では指導者あるいはリーダーとしての資質や統治能力（ガバナビリティ）の比較を、君子と小人という対比で示そうとしているのが特徴である。とりあえず現代語訳では君子と小人に簡単な注釈をつけておいたように、君子は有徳で教養ある指導者、また小人はその反対に出来の悪い指導者という設定で両者の比較がなされている。

このことを現代の職場に当てはめて、村山孚は次のように訳している。なかなか当を得た解釈だと私も思うので、ここでそのまま引用しておこう。

「よい上司は部下の適性に応じて役割を与えてくれるから働きやすいが、仕事には厳しいから、いい加減なことでは気に入られない。小人物の上司は部下の適性も考えずに何でもやらそうとするから働きにくいが、要領よく立ちまわりさえすれば気に入られるのは簡単だ」（村山『論語一日一言』）。

次に、この章の中ほどにある「其の人を使うに及びてや、之れを器とす」という言葉の中の器について考えておきたい。「人を使う時には才能に応じた使い方をする」と訳しておいたが、『論語』には器についての次のような孔子の言葉がある。ちなみに直訳すれば、器とは道具のことである。

子貢問いて曰く、賜《し》や如何。子曰く女《なんじ》は器《うつわ》なり。曰く、何の器ぞや。曰く、瑚璉《これん》なり（公冶長篇）

子貢が先生に「私（賜は子貢の名）はいかがでしょうか（どうお考えになりますか）」と尋ねると、先生は「お前は道具だ」とお答えになった。子貢がさらに「どういう道具でしょうか」と問い返すと、先生は「お前は宗廟《みたまや》のお供えを盛る貴重な瑚璉《これん》という道具だ」と言われた。

器が道具を意味するとしたら、孔子が子貢に言った瑚璉というのは道具の中でも最高に貴重な道具である。君主の宗廟で使われる瑚璉であるというのは、君主を補佐する直近の地位を意味しており、孔子は言外に、「お前は最高の器量人だよ」と子貢を評価して言ったのであろう。しかし次の章では、孔子は指導者たる者は道具であってはならないと言う。一体、器というのはどのような価値を持つ（あるいは持たない）概念なのだろうか。

子曰く、君子は器ならず（為政篇）

この章の現代訳は必要ないだろう。右の二つの章を合わせ読むと、孔子の意図がよく理解できるように思われる。器すなわち道具は何らかの目的を達するために用いられるものであるから、指導者が道具であってはならないのである。いろいろな特別の才能を持つ者を、適材適所に配して使いこなす力を持っていることが必要であり、自らが道具になる、つまり一芸に秀でてはいけない。もっと大局的見地に立って全体を動かさなければならない、と教えているのだと思う。「舟は海に浮かべることができるが山には登れない。車は陸を走ることができるが海は渡れない」（皇侃『義疏』）。指導者たる者はそれではいけないと、この『論語』の注釈者も言葉を添える。もっとも私に言わせれば、皇侃の比喩はいささか的外れだとは思う。

さて学校という組織では、ここでの孔子の教えをそのまま適用できるであろうか。学校には学年主任、教務主任、研究主任など校長や教頭を補佐する役職が置かれているのが普通だが、その際、校長が特定の個人を指名してその任に当たらせることは難しかろう。また公立学校においては同一の学校にいつまでも続けて勤務することは許されず、数年以内に他校へ配属換えになることが多い。それも校長の権限で決めることはできず、教育委員会の重要な決定事項の一つになっている。したがって、校長が学校経営をより向上させる意図や能力を持っていたとしても、教員を適材適所に配置することは難しく、与えられた人材をどう効果的に活用するかにかかっているということにならざるをえない。残念ながら、学校長に人事権限を持たせることも、現状ではのぞみ薄であろう。

反対に、一般教員の側に立って考えても、もちろん自分たちが校長をえらぶことはできないし、かと言って、校長を追い出すことも不可能に近い。もちろん企業だって、経営トップが思いのままに部下をえらぶことができるとは言い難いが、学校組織は企業と比較するとその限界が大きいと言わざるをえないので、お互いに与えられた条件の下で最大の効果を上げることを、つねに管理職と一般教員が協力して進めていかなければなるまい。

## 3　抜擢人事のすすめ

孔子は短い期間ではあったが、故郷の魯の国の政治に参画したことがあった。また十四年間に及んだ亡命放浪の旅では、近隣諸国の君主や宰相から政治の秘訣を尋ねられたことも、二度や三度ではなかったようである。そのことは『論語』にも反映されており、その都度孔子は、例によって人を見て法を説くやり方で諸侯や重臣たちにアドバイスをしている。この中には『論語』の編者が無理に挿入したものもあるが、本節では、そのひとつで信憑性の高い、孔子が魯の哀公に語った人事抜擢のあり方を紹介することから始めたい。

哀公問うて曰く、何を為さば則《すなわ》ち民服せん。孔子対《こた》えて曰く、直《なお》きを挙《あ》げて諸《こ》れを枉《まが》れるに錯《お》けば、則ち民服す。枉れるを挙げて諸れを直きに錯けば、則ち民服せず（為政篇）

哀公が、「どのようにすれば人民は心服するであろうか」と先生に下問されたので、先生はこうお答えになった。「真っ直ぐな人物（正しい人）を登用して曲がった連中（邪悪《よこしま》な者）の上に据えますと、民は心服致します。その逆に曲がった者を引き立てて真っ直ぐな人たちの上に置きますと、民は心服致しません」。

右の文中にある「直きを挙げて諸れを枉れるに錯く」という言葉をめぐっては、解釈がふたつに分かれている。通説では「正しい人を登用する一方、邪悪な人間は追放する」となっているが、「正しい人を登用して邪悪な者の上に置く」という解釈もある。私の現代語訳は後者を採用した。これは少数派ではあるが、真っ直ぐな木を曲がった材木の上に載せると、その木の重みで曲木も真っ直ぐになるとの解釈であるから、この方が説得力があると感じている。

孔子が哀公に進言したのとまったく同じことを、孔子は弟子の樊遅《はんち》にも教えており、その時樊遅がいまひとつ師の言葉の内容を理解できず、兄弟子の子夏に解説を頼んだ話があるので、それも次に紹介しておこう。

樊遅、仁を問う。子曰く、人を愛す。知を問う。子曰く、人を知る。樊遅未だ達せず。子曰く、直《なお》きを挙げて諸《こ》れを枉《まが》れるに錯《お》く。能《よ》く枉れる者をして直からしむ。樊遅退いて、子夏を見て曰く、郷《さき》に吾れ夫子に見《まみ》えて、知を問う。子曰く、直きを挙げて諸れを枉れるに錯く。能く枉れる者をして直からしむと。何の謂《い》いぞや。子夏曰く、富めるかなこの言や。舜、天下を有《たも》ち、衆に選んで皐陶《こうよう》を挙ぐれば、不仁の者遠ざかれり。湯《とう》、天下を有ち、衆に選んで伊尹《いいん》を挙ぐれば、不

## 仁の者遠ざかれり（顔淵篇）

樊遅が仁について先生に尋ねると、先生は「人を愛することだ」と答えられた。続いて知について尋ねると、先生は「人を知ることだ」と言われた。樊遅はよく理解できなかった。すると先生がこう言われた。「真っ直ぐな（正しい）人を登用して曲った（邪悪な）者たちの上に置くと、曲がった者を真っ直ぐにすることができる」。それでも樊遅はよくわからなかったので、先生の許を退出してから子夏に会い、こう言った。「先ほど私は先生にお会いして、知についてお尋ねしたら、先生は『真っ直ぐな人を曲った者たちの上に置けば、曲がった者も真っ直ぐになる』とおっしゃいました。これはどういう意味でしょうか」。子夏は「このお言葉は内容が豊かだ。かつて舜が天子となられた時、多勢の臣下の中から皐陶《こうよう》を選んで大臣に抜擢すると、仁でない連中は遠ざかってしまった。また湯が天子となられた際も、多くの臣下の中から伊尹を選んで宰相に抜擢したら、仁でない者たちは遠ざかっていった」と言った。

いつだったか、この話をS県の知事さんにしたところ、知事は私の話を聞き終わってしばらく沈思した後、「能力の高い人を抜擢することはできるが、能力がなく邪魔になる人間でも、自ら去っていかなければ辞めさせるわけにはいかず、かといって置いておく部署もないとすれば、そんな時どうすればよいのでしょうか。この次にお会いした時に、『論語』にもしよい方法が書いてあったら教えて下さい」と頼まれた。後で『論語』を読み返してみたが、孔子にもそこまでの救済策は思いつかなかったらしく、不実な人間は遠ざかるというところで切り捨てている。さすが現代の為政者にはそこまでのニーズがあるのかと、改めて考えさせられた。

さて、もう一度本文に戻って、子夏が樊遅に語った舜と湯について少し敷衍しておきたい。中国四千年と言われる長い歴史の端緒は、堯・舜・禹という聖王たちが徳政を敷いて太平の世をもたらした伝説の時代であった。もっとも一般的には、「三皇・五帝」と称された聖天子が理想的な世を築いたと言われているが、後世まで語り継がれ、とくに孔子をはじめとする儒家が治世の模範と仰いだのが堯・舜・禹の統治世界だった。

孔子には堯を賛美した、「大なるかな堯の君たるや。巍巍《ぎぎ》として唯《た》だ天を大なりと為す……」（泰伯篇）という文章があるが（第三部6「相手を説得する方法」も参照されたい）、その堯はわが子に帝位を継がせず、農民出身ではあるが人徳にすぐれた舜に帝位を譲った。いわゆる禅譲《ぜんじょう》である。『論語』には「舜に五臣有り、而うして天下治まる……」（泰伯篇）とあって、その五臣の筆頭であった禹がまた舜からの禅譲によって帝位を継いだ。このように舜も禹も世襲によって父の後継者になったのではなく、行政能力と人徳が決め手となって時の天子から政権を譲られたのである。子夏が樊遅に強調したかったのは、為政者による抜擢によって有能の士がよく国政を隆盛にした故事を知るべきだ、という点にあった。このことは現代社会にも当てはまる。世襲で会社や私立学校がよくなったケースは少ない。

## 4　リーダーの指導力

前節では魯の君主である哀公の孔子に対する下問を取り上げたが、ここでは、弟子の子夏が政治について師に教えを乞うた時の孔子の答えを紹介したい。

孔子は国君（君主）だけでなく、宰相や重臣などからの問いに対してもその都度、問われた事柄に関して原則から答えている。たとえば魯の季康子には、「政《まつりごと》は正なり」と言い、「貴方が正道をもって人民の先頭に立ちなさい」（顔淵篇）と諭し、また斉の景公に対しては、「君、君たり、臣、臣たり、父、父たり、子、子たり」と答え、「名が君子であれば、実際にも君子でなければなりません」（顔淵篇）と言おうとしたのである。

ところが子夏の問いに対しては、孔子としては珍しくきわめて具体的な答え方をしている。しかも、子夏の欠点を正しく捉えての教えであるところが見事でもある。まずはこれを読んでみよう。

子夏、莒父《きょほ》の宰《さい》と為《な》りて、政《まつりごと》を問う。子曰く、速《すみ》やかならんと欲する無かれ。小利を見ることなかれ。速やかならんと欲すれば、則ち達せず。小利を見れば、則ち大事ならず（子路篇）

子夏が莒父という地の長官（知事か市長）として赴任する時、政治（行政）の心構えをお尋ねした。先生は次のように答えられた。「焦ってはいけない。目先の小さな利益を求めないことだ。速く成果を出そうとすると、うまくいかない。また目先の小利を追いかけていると、大きな仕事は完成しないよ」。

それでは、子夏の欠点はどこにあったのか。子夏についてはすでにふれたことがあり、たとえば第二部9「過ぎたるは及ばざるがごとし」で述べたように、同じ孔子門下生の子貢が、子夏と子張とではどちらがすぐれているかと孔子に問うた時、孔子は子夏のことを「及ばず」と答えている。万事に控え目で慎重な子夏の欠点はそこにあり、いわば器の小さい人間だと孔子の目には映っていたのであろう。だからこそ、目先の小事に構ったり速く成果を挙げようとするな、もっと先を見据えた大きな仕事をしなさいと諭したのである。

子夏は孔子の死後、自ら門人を率いて一家を成す教育者に成長したが、恐らくこの孔子との問答は孔子最晩年のことと想定されるから、子夏はまだ三十歳前の青年であったに違いない。若く血気に逸《はや》る若者が地方の小さな町とはいえ長官に任命されたので、次のステップのためにも子夏が早く結果を出したがるに違いないと孔子は読んだのであろう。なお、子夏がどのくらいの期間その地位に就いていたのかは定かでない。

その点、わが国の公立学校組織においては、校長や教頭になるのはほとんどの場合五十歳を過ぎてからであり、それも年齢制限つきの資格試験に合格しなければならないため、子貢のように三十歳までに組織のトップになることは、まずありえない。校長の場合は、むしろ定年まであと何年という短期間に就任するから、腕を振おうと張り切ってもそれまでに定年齢に達してしまうか、あるいは別の学校の校長に転勤になることが多い。したがって、校長就任期間中にやれることは限られている。だからあまり派手に動くこともないと、保守的になってしまう校長もいるのではないだろうか。もっともこれは、学校現場のことを熟知していない私の勝手な想像ではあるが。もちろん同じようなことは、官公庁や企業でも往々にして見られる。

さて、再び子夏の話に戻ると、『論語』子張篇には子夏の言葉が八章収録されている。次に紹介する章もそのひとつで、子夏が後年になって若い時代に経験した行政官当時を思い起こして、この言葉が生まれたのではあるまいか。

子夏曰く、小道と雖《いえど》も必ず観《み》る可き者有り。遠きを致すには泥《なず》まんことを恐る。是《ここ》を以て君子は為さざるなり（子張篇）

子夏が言うには、たとえ技芸のような小さな道（専門知識）でも、必ず取り柄は有るものだ。

しかし遠大なことを達成するには、それが引っ掛かりになる恐れがある。だから君子（教養あるリーダー）は技芸のような専門的知識は学ばないのだ。

この章を読んで、２「君子は器ならず」が頭に浮かんだ人もいるのではなかろうか。その通り、孔子は「君子は器ならず」、つまり指導者たる者は道具であってはならず、そのかわりに特別の才能や技術を持った部下を適所に配置してその能力を十分に発揮させ、自分はもっと大局的見地に立って物事を判断し、行動を決断しなければならないと教えているのである。それなら、何もここで子夏がわざわざ言わなくてもよいではないか。すでに孔子が言っていることと同じではないか、との疑問も生じてくるかも知れない。確かに子夏は孔子の教えに忠実であったから、師の言葉を絶えず拳拳服膺《けんけんふくよう》していた。しかし自分も組織のリーダーとして一時期を過した経験から、このような思想を持つに至ったと考えてよかろう。

現代のリーダーに求められるのも、基本的には大局観に基づく判断力とタイムリーな決断力であることに変わりはあるまい。逆にリーダーがその道の専門家でありすぎて、技術的な細かい点にまでチェックを入れたら、部下がついていきにくいという面もあるだろう。しかし学校組織においては、校長や教頭も、かつては教諭として教育現場で子どもと接してきた経験者がほとんどであり、専門的知識は十分であろうが、それよりもその職に就いたら、リーダーとしての指導力を発揮できる見識と能力を身につける努力をするべきだと思う。

## 5　指導者の多能の是非

前節に続いて、組織のリーダーが専門的知識を身につけているべきかどうかについての話をしたい。というのも、「君子は器ならず」と説く孔子自身が、実は多芸の持ち主だったらしいからである。それに関する章が子罕篇にいくつか載っているので、それらを紹介しながら話題を広げていくことにする。

達巷《たつこう》の党人《とうじん》曰く、大なるかな孔子。博く学びて名を成す所無しと。子、之れを聞き、門弟子に謂《い》いて曰く、吾れは何をか執《と》らん。御《ぎょ》を執らんか、射《しゃ》を執らんか。吾れは御を執らん（子罕篇）

達巷という村の人が言っていた。「偉大なものだね孔先生は。博学でありながら、これという限られた専門分野での名声をお持ちではない」と。先生はこの話をお聞きになって、門人たちにこうおっしゃった。「私は何を専門にしようか。御者をやろうか、それとも弓にしようか。やっぱり御者にしよう」。

孔子が生きていた頃の中国では、教養人の必須科目として六芸、つまり礼・楽・射・御・書・数が教えられていた。孔子はそのすべてに通じていたであろうが、ここでは門弟たちの前で謙遜してみせ、六芸のうち最も地位の低い科目である御（馬車を御すこと）が専門だとしようと、なかば茶化して語っている。もちろん、孔子の口から出た言葉とは裏腹に、心の中は自信に満ちていたに相違いない。

また次のような章もある。

大宰《たいさい》、子貢に問いて曰く、夫子《ふうし》は聖者か。何ぞ其れ多能なるや。子貢曰く、固《もと》より天之れを縦《ゆる》して将聖《しょうせい》ならしむ。また多能なり。子、之れを聞きて曰く、大宰は我れを知れる者か。吾れ少《わか》くして賤《いや》し。故に鄙事《ひじ》に多能なり。君子は多からんか、多からざるなり（子罕篇）

ある国の宰相が子貢に尋ねて言った。「孔先生は聖人なのでしょうか。どうしてあれほど多くの事がおできになるのでしょうか」。子貢はこう答えた。「もちろん、先生は天が許した大聖であるうえに多能なお方です」。このことを伝え聞かれた先生は、「宰相は私をよくご存知だ。私は若い頃は身分が低く、貧乏だった。だからつまらない事がいろいろできるのだ。君子の条件は多能であることだろうか。いやその必要はない」と言われた。

これと同じような趣旨の孔子の言葉もあるので、ついでに紹介しておこう。

牢《ろう》曰く、子云う。吾れ試《もち》いられず。故に芸あり（子罕篇）

孔子の弟子の牢が言った。「先生はこうおっしゃっていた。自分は世の中で用いられなかった（重い地位に就くことができなかった）ので、いろいろな技能を身につけたのだ」と。

これらの言葉を孔子自身の口から聞けば、孔子がまだ世に知られるようになる以前の姿が、おぼろげながら見えてくる。恐らく、「吾れ少くして賤し。故に鄙事に多能なり」というのも、「吾れ試いられず。故に芸あり」の言葉も、それぞれ真実を伝えているものと考えられる。孔子の教えが基礎になって儒教思想として体系化され、漢時代には儒教が国教と定められるようになると、孔子は聖人とか大聖といった尊称で呼ばれ、雲の彼方にそびえ立つ存在にされてしまった。したがって、司馬遷の『史記』による孔子の若年時代に関する記述はまさに小説世界であって、孔子の実像を正確に伝えるものでは決してない。

孔子は前半生を貧賤のうちに過した。生活を支えるために働く必要があった。故郷の魯で委吏《いり》と呼ばれる倉庫役人になり、会計に誤りがないようにつとめたり、あるいは乗田《じょうでん》と言われる牧場の役人になって、牛や羊を肥えらせることに努力したといった話が『孟子』には記されている。さらに別の下級吏人の仕事にも従事したのではなかろうか。しかし、それが孔子にとって「貧賤こそ、偉大な精神を生む土壌であった」（白川『孔子伝』）ことは確かである。

孔子の学問を基礎にして生きようとする志が十五歳にして立てられたことは、孔子自身の述懐によって明らかであるが、その学習はもっぱら働きながら続けられた。孔子が学んだのはそれこそ六芸全般に及んでいたであろうが、なかでも周王朝盛時の文化を伝えるとされた、古典の解釈と儀礼の整理に関するものが学習の中心であったと思われる。殊に古い儀礼に関する孔子の博識ぶりが次第に世間でも認められるようになり、魯の執政に取り立てられたことはすでにふれた通りである。

そんなある時、孔子に周の始祖である周公旦を祭る大廟に入り、君主の祭祀の介添えをする機会が訪れた。ところが孔子は、祭祀の順序や形式についていちいち経験者に尋ねたので、孔子の急速な出世を妬む者が、「あの田舎役人の子は物知りだということだが、大廟では質問ばかりしていたではないか」と譏《そし》ったらしい。それを伝え聞いた孔子は、「知っていても過ちがないようにする。それが礼なのだ」と言った。いかにも慎重に事を運ぼうとする孔子らしい逸話である。

孔子は若い時にいろいろな仕事に携わった経験から、さまざまな技能も身につけることができた。孔子にしてみれば、それが指導者にとって必要なことではないと謙遜するが、さまざまな経験が自己の人間形成に役立つことを考えると、必ずしも多能を否定する必要はないと言うべきであろう。まして現代社会のさまざまな舞台で、指導者の要件としてマルチ人間を求める風潮さえあるくらいである。

## 6　リーダーの理想像

組織のリーダーや上に立つ者、また将来の幹部候補生など、多くの人を導き育てていく人物にとって必要な資質や心構えについて、『論語』は私たちに多くの有益な示唆を与えてくれる。学校など教育の場で子どもたちと接する教師にとっても参考になると思われるので、ここでは、その中でも最も重要と思われる二章をえらんで紹介しておきたい。まず、孔子の弟子である曽子の言葉から始める。例によって文章の中に君子とか士という語句が出てくるが、これらを指導者、リーダーや幹部候補生と解釈して読んでほしい。

曽子曰く、士は以て弘毅《こうき》ならざる可からず。任重くして道遠し。仁以て己《おのれ》が任と為す。亦《ま》た重からずや。死して後已《や》む。亦た遠からずや（泰伯篇）

曽子が言った。将来に志を持つ人物は広い包容力と強い意志を持たなければならない。任務は重くその達成までの道は遠いからである。人の道を尽くすことを自分の任務とする、何と重いことか。それも死ぬまで続く、何と遠いことか。

まことにすぐれた名文であると言ってよかろう。現代のわが国でも、責任ある地位に就任した人が挨拶でよく口にする「まことに任重く道遠しでありますが……」という文言は、この章からの引用である。弘は包容力とか度量を意味し、毅は強い意志を表わす字で、幕末から明治初期に生まれた男性の名前に弘毅という字がよく使われた。有名人では、太平洋戦争のA級戦犯の中で文官としてただ一人処刑された廣田元首相の名が弘毅だった。私などはこの名前を聞くと、いまでも直ちに廣田弘毅を思い出すくらいである。

また、「任重くして道遠し」、「死して後已む」と曾子が強調して言うのには、それだけの深い意味があると思う。曾子は孔子の死後、孔子の思想を継承することを自分に与えられた任務と確信していたから、それは死ぬまで続く遠い道だとも覚悟していたに違いない。事実、曾子は孔子の孫である子思を手許に置いて立派に教育し（子思は『中庸』の著者として知られている）、その子思の孫弟子が孟子であるから、曾子はまさに孔子の思想の本流を歩み続けたことになる。『論語』に登場する孔子の弟子の中でただ一人、「曾子」という敬称で呼ばれているのもそのためであろう（曾子の名は曾参）。

それでは次に、指導者やリーダーにとって必須の要件について語った孔子の教えを読むことにしよう。

子曰く、君子は重からざれば則ち威あらず。学べば則ち固《こ》ならず。忠信を主《しゅ》とし、己に如《し》かざる

者を友とすること無かれ。過《あやま》てば則ち改むるに憚《はばか》ること勿かれ（学而篇）

先生がおっしゃった。上に立つ者は中身の濃い重厚さがなければ威厳がない。学問をすれば頑固ではなくなる。人にはまごころをもって誠実であることを心掛け、自分よりも劣る者を友人に持つな。過ちに気づいたらためらわず改めよ。

この章にはそれぞれ独立した事柄が五つ連なって構成されているが、それらが互いに連携していたり因果関係にあるわけでもない。言葉が断片的に羅列しているのは、異なった時に孔子が語ったことを一つにまとめたものだとの説もある（たとえば伊藤仁斎）。あるいはそうかも知れない。しかし、そのいずれもが指導者にとっては心すべき重要な事柄ばかりであるから、この章が重視されてきたのであろう。そのひとつひとつについて、気がついたことを述べておきたい。

まず「重からざれば則ち威あらず」であるが、「長」とつく地位の人でも中身は空っぽのくせに表面だけは威厳を繕おうとする輩がいる。いくら格好をつけて威張ってもすぐに見破られて、部下から馬鹿にされてしまう。やはり内面の充実が重要なのである。これは、教師と生徒との関係でも言えることではないだろうか。生徒は「良い先生」と「悪い先生」とを、瞬時に見分ける力を持っていると知るべきだ。次に「学べば則ち固ならず」、つまり学問をすれば知識が身につき視野も広がって、自然に頑固さ

（頑迷さ）が消える。他人の言葉にも耳を傾けるようになる。学問を身につけていないと妙に片意地になって、他人の言うことが素直に聞けなくなることがある。近年の少子化で現在ある大学の中には定員割れの所もあるが、やはり大学で学ぶことの価値は大きいと、私は思う。

さらに「忠信を主とし」というのは、まごころと誠実さという孔子思想のキーワードのひとつであり、また社会での人と人とのつき合いの基本でもある。また「己に如かざる者を友とすること無かれ」については、もし友人の選択を誤ったことに気づいたら遠慮なく入れ替えよと教えているとみる説もあるが、現実問題として友人とは利害関係だけでつき合うものではなく、そう簡単に断ち切れるものではあるまい。もっとも、文章の最後にある「過てば則ち改むるに憚ること勿かれ」と連動させて考えるならば、友人関係だって同じことだと言えるかもしれない。

現代社会においても、組織であれ個人であれ絶対にミスを犯さないということはありえない。要は過ちはすぐに認めて、謝るべきはできるだけ早く謝り、ミスを改める善後策を取る一方、二度と過ちを起こさない方策を講ずべきである。下手に隠蔽《いんぺい》工作などして時間稼ぎをしようとすれば、かえって再生不能に陥ってしまうので、組織のリーダーは是非この点の注意を怠るべきではない。その点キリスト教社会では、懺悔《ざんげ》あるいは告解という信仰習性が働いて、対応は早いように思われる。

なお、この章の後半部分すなわち「忠信を主とし……」以下は、子罕篇にこれとまったく同一の文章が載せられている。『論語』の編纂者のミスなのか、それとも重要だから意図的に重複して掲載しているのか、そのあたりのことは私にはわからない。

## 7　仲弓への愛情

孔子の弟子に仲弓《ちゅうきゅう》（名は雍《よう》）という人物がいた。本節ではもっぱらこの仲弓と孔子の会話を取り上げて、組織のリーダーあるいは教養人としての心構えについて考えていきたい。

仲弓、子桑伯子《しそうはくし》を問う。子曰く、可なり。簡《かん》なればなり。仲弓曰く、敬《けい》に居《い》て簡を行い、以て其の民に臨《のぞ》まば、亦た可ならずや。簡に居て簡を行わば、乃《すなわ》ち大簡《だいかん》なること無からんや。子曰く、雍の言然り（雍也篇）

仲弓が子桑伯子の人柄について先生に尋ねたところ、先生は「結構だ。おおらかでこせこせしないところがね」と答えられた。仲弓がさらに、「自分には厳しく、他者には寛大（簡）に政治を行うのが宜しいのではありますまいか。自分にも寛大、他者にも寛大であるというのは鷹揚すぎるのではないでしょうか」と言うと、先生は「その通りだ。雍の言うことは正しい」とおっしゃった。

仲弓が引き合いに出した子桑伯子がどのような人物なのかは不明である。しかし、恐らくはどこかの国の政治家なのであろう。仲弓はさすがに徳行（道徳の実践）の士らしく、自らを厳しく律する（自律）タイプの人間だったから、師匠の答えが不満に思えて自分の考えをぶつけたに違いない。孔子も仲弓の考え方が正しいと感じたからこそ、「雍の言然り」と同調したのである。

もうひとつ、今度は仁について仲弓が孔子に教えを乞うた章を紹介する。ここでも仲弓の生真面目ぶりが現れている。

仲弓、仁を問う。子曰く、門を出でては大賓《だいひん》を見るが如くし、民を使うには大祭に承《つか》うるが如くす。己《おのれ》の欲せざる所を人に施《ほどこ》すこと勿かれ。邦《くに》に在りても怨《うら》み無く、家に在りても怨み無し。仲弓曰く、雍は不敏なりと雖も、請う、斯の語を事《こと》とせん（顔淵篇）

仲弓が仁（人の道）について先生に質問したら、先生はこう教えられた。「家の外で人に会ったら、大切な賓客をもてなすように振る舞うことだ。人民に接するときには宮廷の大きな祭礼に参列する気持ちで敬虔に気を配れ。自分が望まないことを他人にしてはならない。そうすれば、君主に仕えても重臣に仕えても、人から怨まれることはない」。仲弓は、「私は愚か者ではありますが、いまの先生のお言葉通りに実践いたします」と答えた。

この文章の中で、「邦に在りても怨み無く、家に在りても怨み無し」という語を、君主や重臣に仕えている官僚であっても、「家に在る」つまり普通の市民であっても、という意味に解するとわかりやすい。要するに、どのような境遇にあっても思いやりと敬虔さを失わないことが仁だと、孔子は仲弓に教えているのである。これまでにも折りにふれて述べてきたように、孔子は仁を最も重視していたにもかかわらず、仁そのものを定義することはほとんどなく、相手に応じてより具体的に教えている。仲弓の場合にもそれが言える。

ところで、仲弓のことを「あの人は人格者だが弁才がない」と、孔子に中傷した人がいたらしい。それに対して孔子は、次の章のように反撥している。日頃の冷静な孔子と違い、激しい口調である。

或る人曰く、雍は、仁にして佞《ねい》ならず。子曰く、焉《いずく》んぞ佞を用いん。人に禦《あた》るに口給《こうきゅう》を以てすれば、屡《しばしば》人に憎まる。其の仁を知らず。焉んぞ佞を用いん（公冶長篇）

ある人が言うには、「雍（仲弓）は人格の立派な人ではあるが、惜しいことに弁が立たない」と。それに対して先生はこうおっしゃった。「どうして弁の立つ必要があるのか。口先だけの機転でごまかしているようでは、人から憎まれるだけだ。彼が人格者であるかどうかはわからないが、弁才がどうして役に立つのか」。

『史記』の「孔子弟子列伝」によれば、仲弓の父親はどうやら差別を受けていた賤民であったらしく、仲弓の出自を知っていた孔子が、激しく仲弓を弁護したのがこの章である。仲弓は、「毛並みがよくないために、エレガントな言葉を毛並みのよい人物のように流暢にしゃべることが出来なかったのかも知れない。そうした人物に対する孔子の特別な愛が、俗人の批評に反撥して、この条になったのかも知れぬ」というコメントもある（吉川『論語』上）。

そう言えば、孔子自身も仲弓について次のような比喩を使って高く評価している。

子、仲弓を謂いて曰く、犂牛《りぎゅう》の子、騂《あか》くして且つ角《つの》あらば、用うること勿《な》からんと欲すと雖《いえど》も、山川《さんせん》其《そ》れ諸《こ》れを舎《す》てんや（雍也篇）

先生が仲弓のことをこう言われた。まだら牛（農耕用の牛）の子でも、赤い毛並みで立派な角があれば、祭祀用に使わないでおこうと思っても、山川の神々がそれを放っておくはずがない。

その言わんとするところは、たとえどのような出身であっても、才能と人格がすぐれていれば必ず社会が認めるということであり、孔子が掲げる自力本願の教えがここでも力強く貫かれている。

## 8　下問を恥じず

前節では仲弓のことに紙幅を取りすぎた感があるが、孔子学園という組織のリーダーでもあった孔子にも、思わぬ激しい一面があったことに感激して、ついつい深入りしてしまった。本節以下で、引き続き組織のリーダーや指導者のあり方について、ふたつの面から迫ってみようと思う。まずは孔文子という君主の近親者である政治家の資質に疑問を感じた、子貢の質問を取り上げる。

子貢問うて曰く、孔文子は何を以て之れを文《ぶん》と謂うや。子曰く、敏にして学を好み、下問を恥じず。是《ここ》を以て之れを文と謂うなり（公冶長篇）

子貢が先生に尋ねた。「孔文子はどうして文というおくり名（諡）を得たのでしょうか」と。先生がお答えになった。「孔文子は明敏なうえに、学問を好み、後輩や目下の者に教えを乞うことを恥じなかった。だから文というおくり名をもらったのだ」。

孔文子に関しては、しばらく後でふれることにして、まずこの章のポイントは「下問を恥じず」にあると思われる。地位の高い人、組織のリーダー、学識者といった面々は、知らないことでも知ったふりをすることが多い。部下や自分より下位の者からバカにされたくないという感情が先に立つからであろう。しかし、それは大変に損なことで、逆に「下問する」ことが高度な管理技法なのだとは、村山孚の教えるところである（村山『論語一日一言』）。

以下は村山の受け売りになるが、知らないことは何でも、誰にでも、どしどし質問する方がよい。聞かれた部下は上司の率直な人柄に好意を寄せることになるうえ、自分の知識が役立つことに喜びを感じて、さらにやる気を起こすことにもつながるからである。したがって下問は一挙両得どころか、三得にも四得にもなるというのである。もっとも、自分が知っていることでも知らないふりをして聞くというのは、悪乗りになるかも知れないが。

さて、子貢が疑問を持って孔子に質した孔文子という人物は名を圉《ぎょ》というが、衛の君主である霊公の女婿でありまた重臣でもあった。その孔圉に死後贈られた諡《おくりな》が最上級のひとつである文だったため、子貢には合点がいかなかったのである。そのことが、孔子の伝記も伝える『左伝』（一種の歴史書）に次のように載せられているそうだ。

孔圉は太叔疾《たいしゅくしつ》という青年に自分の娘を後妻として押しつけようとして、彼の妻を無理矢理に離別させた。青年はしぶしぶ従ったが前妻が思い切れず、外に囲って住まわせた。それを知った孔圉は腹を立て、青年のところに討手を差し向けようとした。その時孔圉は孔子に相談したが反対されて、思いとどまったというのである。この事件が起きたのは孔子が六十九歳の時で、その当時、孔子は衛に滞在しており、霊公とも交渉があったとされるので、霊公の女婿である孔圉とも知り合いだった可能性もある。

いずれにしても、そのような不祥事件の張本人である孔圉に諡を贈るなんてとんでもないというのが、子貢の心境であったろう。それに対して孔子は、孔圉が「敏にして学を好み、下問を恥じない」人物だったから諡を贈られる資格があると説明したのである。ひょっとすると孔子は、孔圉の事件は風評にすぎず、そのことを取り上げるには足らぬと思っていたのではないだろうか。

次にもう一章、今度は弟子の一人である樊遅《はんち》が、孔子と二人で公園か林の中を歩いていた時に質問した内容を取り上げる。なかなか難しい成語が使われているが、これらはリーダーにとっても重要な心構えであると思われる。

樊遅《はんち》、従いて舞雩《ぶう》の下に遊ぶ。曰く、敢えて徳を崇《たか》くし、慝《とく》を脩《おさ》め、惑《まど》いを弁《べん》ぜんことを問う。子曰く、善い哉、問いや。事《こと》を先にして得るを後にするは、徳を崇くするに非ずや。其の悪を攻めて、人の悪を攻むる無きは、慝を脩むるに非ずや。一朝の忿《いか》り、其の身を忘れて、以て其の親に及ぼすは、惑いに非ずや（顔淵篇）

樊遅が先生のお供をして舞雩付近（魯の首都曲阜郊外）を散歩している時、先生に質問した。

「以前からお聞きしたいと思っておりましたが、どのようにすれば徳を高め、邪悪（よこしま）を取り除き、迷いを取り払うことができるでしょうか」と。先生はおっしゃった。「なかなか立派な質問だね。まず実行を先にして報酬（利益）を後回しにすること、これが徳を高めることではないだろうか。次に、自分の悪いところは責めるが、他人の悪はとがめない。それが自分の心の中にある悪を正してくれることではないかな。また、一時の怒りに我を忘れて近親者にまで迷惑をかけるのは、迷いではないかな」。

---

この文章に出てくる崇徳、脩慝、弁惑は、孔子の存命中から使われていた道徳に関する標語だったらしい。なかでも弁惑について、一時のかっとした怒りが親たちにまで迷惑をかけることになるから注意せよという孔子の教えは、短気者の私には殊の外大きな教訓になっている。またまた、村山の『論語一日一言』を引っ張り出すようだが、その中で村山は『孫子』を引用して戦争における指揮官の怒りの作用（効用とリスク）を三点挙げており、これは戦争だけに限らず対外交渉の際にもリーダーにとって役立つと思われるので、参考までに紹介しておく（私も『孫子』を読んだが、村山のように要領よくまとめることができなかった）。

1　軍の最高指揮官が、怒りの感情から兵を動かすと敗れる。
2　全軍の怒りは、やり方次第で戦闘力に転化させることができる。
3　敵将を怒らせるよう仕向けて、冷静さを失わせると効果が上がる。

## 9　言葉と人間性

第三部7「仁に近い人」でも取り上げたように、「巧言令色、鮮し仁」すなわち、巧みなお世辞やつくられた愛嬌で自分をよく見せようとするような人物に誠実な人はいない、と孔子は喝破したが、本節でも言葉と人間性について考えてみよう。とりわけ組織のリーダーにとっては、部下の発言を注意深く聞いてその中から真実を汲み取り、それを行政や経営に生かすことが求められるので、言葉には敏感でなければならないからである。

子曰く、君子は言《げん》を以て人を挙《あ》げず、人を以て言を廃せず（衛霊公篇）

先生がおっしゃった。上に立つ者は、言うことが立派だからというだけのことで人を抜擢したりしないし、逆に地位が低いという理由で、その人の意見を無視したりはしないものだ。

言葉だけで人を信用しないこと、誰の言葉であってもよい意見には聞く耳を持つこと、このふたつは言葉と人間性という点で重要な要素だと思う。また、これはすぐれた人物の見分け方にも通ずる。孔子はこの点に関してさらに重要な指摘をしているので、その言葉も聞くことにしよう。

子曰く、徳有る者は必ず言《げん》有り。言有る者は必ずしも徳有らず。仁者は必ず勇有り。勇者は必ずしも仁有らず（憲問篇）

先生がおっしゃった。人格の立派な人は必ずその言葉もすぐれている。しかし、言葉の上手な人が必ずしも人格者だとは言えない。人格者には勇気があるが、反対に勇気があるだけでは人格者とは言えない。

まことに孔子の言う通りである。しかし、教養があって人格もすぐれた人でも、自分の考え方をうまく言葉に表せない人だっているはずだ。孔子の弟子を例に取れば仲弓がそれに該当しよう。近年はグローバル化が進み、政治や経済の舞台だけでなく、文化やスポーツさらには普通の人の海外旅行の機会も格段に増えた。当然ながら、他国の人たちと討論したり会話する機会も多くなってきている。そのような場合、日本人の大半はあまり積極的に発言しようとしないが、反対に外国人とくに欧米人はとにかく自己主張に熱心である。そういう印象を持つ人は私だけではあるまい。これはわが国と欧米との文化の違いからくるとも思われる。

文化の違いと言えば、私は若い時代にヨーロッパに留学したことがある。それも経済学徒は滅多に行かなかったイタリアを留学先にえらんだため、逆に英国やフランスとは違う経験をすることができたと、いまでは納得している。

イタリアで面喰ったのはランチタイムだった。私が通っていた大学院の建物は広大な国営公社の敷地内にあったため、昼食はそこの職員たちの食堂で食べていた。セルフサービス方式だったが、何とワインも売っていた。何人かのイタリア人と同じテーブルにつくと、彼らは食事中もやたらとしゃべり合っている。私がひとり黙々とフォークを動かしていると、「セニョール・スギエ、どうしてお前は話をしないのか。食事中は料理と一緒に会話も楽しむものだよ」と、さかんに言うのである。そんな時、私は相手に言い返したものだ。「日本人は食事中は黙って食べる。それが日本の文化なんだ」と。もっとも私が黙って食べていたのは、イタリア語の会話力が弱かったせいでもあったが。しかし、イタリア人の何と饒舌だったことか。

話がすっかり横道に外れてしまった。ここでの結論は、口下手ではこちらの意見や考え方が相手に伝わらないと同時に、相手からの信頼を得にくいということである。かといって、「巧言令色」でもいけない。このことを再確認するためにもう一章、やはり孔子の言葉を紹介しておくことにする。

## 子曰く、巧言は徳を乱る。小を忍ばざれば則ち大謀を乱る（衛霊公篇）

先生が言われた。言葉上手に乗せられると道徳心を乱すことになる。小さなことに我慢できないと大望を遂げることができなくなる。

家臣が君主に、部下が上司にというように、身分や階級に上下関係がある場合、部下の者が何か特定の（よからぬ）目的を達成するために、上司を言葉巧みに動かそうと企《たくら》むことがありうる。文学作品の世界を例に取るなら、たとえばシェークスピアの戯曲『オセロ』は、主人公のオセロ将軍が奸臣イアーゴーから王妃デスデモーナの不倫を言葉巧みに吹き込まれ、嫉妬に狂ったオセロが王妃を殺して自滅してしまう悲劇である。こうした部下による巧言（虚言）によって身を滅ぼす王侯や貴族や将軍たちの話は、現実にも決して少なくなかった。歴史的に見ると、愚王や悪将にこの種の人間が多いようであるが、現代社会でも十分ありうる話と考える。とくに指導者やリーダー格の人は部下の話が巧言や虚言であるのか、それとも真実なのかを見分ける能力を持つことがまず必要であろう。とくにリーダーには、甘い言葉に弱い人間が少なくない。これは私の経験からも言える。

また、この章の後半部のポイントは「忍」にあると考えてよい。とかく権力や権限をともなうポストに就くと、ややもすれば傲慢になりやすく（敢えて、よく知られている近隣自治体の首長を名指しはしないが）、忍の心を見失いがちなものだが、指導者たる者絶えず我慢することも心掛けなければなるまい。

## 10　余計なお節介

第四部の締めくくりは、自分がその地位に就いていないのに出しゃばって口出しをするなと教える孔子の言葉にしよう。

子曰く、其の位《くらい》に在らざれば、其の政《まつりごと》を謀《はか》らず。曽子《そうじ》曰く、君子は思うこと其の位を出でず（憲問篇）

先生がおっしゃった。「その地位にいるのでなければ、政務全体には口出しをしない」。曽子が言った。「上に立つ者はその職分以外のことは考えないようにする」。

この章の前半部は孔子の言葉、また後半部は曽子の言葉ということになっている。しかし『易』にも「君子以て思うこと其の位を出でず」という説明があり、これは孔子がつけ加えた注釈だとも言われているから、結局は全文とも孔子の言葉と考えてもよいのではなかろうか。なお前半部とまったく同文が泰伯篇にも載せられており、重出となっている。

そもそも地位と職務は一体のものであるはずだから、別の地位に就いている他の職務の人間が垣根を越えて口出しするのはおかしい。たとえば課長職の人が行っている職務について、直属の上司である部長が口出しをするのはやむをえないし、またそうでなければならない場合だってあるに違いない。しかし、他の部署の課長が余計なお節介を掛けてくるのは明らかに問題である。こういう言い方をすると、セクト主義を助長してよいのかという反論を持ち出す人がいるかも知れないが、決してそうではない。まず自分に与えられた職責を果たすことに専念すべきだということである。孔子が教えているのもその点にある。また、それが指導者の心得でもあるのだ。

このことを学校組織に応用すると、どういうことが言えるのだろうか。官公庁や企業と違い、学校というところは管理職が極端に少なく、大多数の職員は教諭でありお互いが上下関係にはない。管理職である校長と教頭にはそれぞれ職務規定が設けられているが、両者は上下関係になるとはいえ、学校経営に関しては共同で責任を分担している場合が少なくなかろう。したがって、それぞれの職務に専念できるのかどうか。私にはよくわからない点もあるが、下手に相手の職務には口出しできないとすれば、それは学校経営にとってプラスとは言えまい。たとえば教頭が、「その仕事は校長の権限と責任だから教頭の私が口出しすることはできない」と言い切って校長に協力しなければ、その学校の組織がうまく機能することはできないであろう。そこに学校という組織の運営上の難しさがあるように思えてならない。

ここで、やや脱線することにしたい。というのは孔子は「其の位に在らざれば、其の政を謀らず」と言いながらも、ある時は諸侯や重臣たちに政治や行政の要諦を説き、またある時は弟子たちを相手に政治論を一席ぶつというように、「其の位」もないのに他国の政治にお節介を焼いている。それなら一層のこと、自分が政治家か行政官になればよいのにと言いたくもなる。確かに孔子は五十歳代でほんの二、三年間、魯の政治に関わった後、長い亡命生活に入ってしまったこと、これまでにも紹介した通りである。それだけに、孔子の体内には欲求不満のエネルギーが溜まっていたのではあるまいか。諸侯や弟子に対してその鬱憤《うっぷん》の一端を晴らしていたのではなかったか。そんな興味から、孔子が政治家への願望を抱き続けていたのかどうかについて、『論語』の中にそれを探ることにした。そして見つけた中から次の二章を取り上げる。

子貢曰く、斯《ここ》に美玉有り。匵《ひつ》に韞《おさ》めて諸《こ》れを蔵《ぞう》せんか。善賈《ぜんこ》を求めてこれを沽《う》らんか。子曰く、之れを沽らん哉《かな》、之れを沽らん哉。我れは賈を待つ者なり（子罕篇）

子貢が言った。「ここに美しい玉があるとします。それを箱の中に入れて倉庫にしまっておきましょうか。それとも善い買い手を探して売りましょうか」。先生がお答えになった。「売ろうよ。売ろうよ。私は買い手を待っているのだ」。

例によって、詮索好きの子貢が孔子の真意を探った会話である。この問い掛けはもちろん比喩で、美玉とは孔子のこと、また善賈は明敏な君主を指している。「そのような君主が先生を招聘されたらそれに応じられますか」との問いに対して、孔子は「売ろうよ、売ろうよ」と意志表示しているのである。これは万更冗談ではあるまい。恐らく孔子の本音であったに相違いない。また賈という字をここでは商人（買い手）という意味に解しているが、値段のことだと解釈する説の方がむしろ有力である。賈を値段と解釈するとよい値段つまり高位高禄で仕官するということになる。

孔子はさらに突っ込んで、「一年でもやれる」と自信のほどを披露してみせる。それが次の章である。

子曰く、苟《いやし》くも我れを用うる者あらば、期月《きげつ》のみにて可なり。三年にして成る有らん（子路篇）

先生が言われた。もし、私を採用して思う存分に政治をさせてくれる人がいたら、一年でも何とかしてみせる。三年もあれば立派にでき上がる。

この言葉は子貢に対してではなく、衛の霊公が高齢を理由に孔子の進言を採用しようとしなかったため、孔子が嘆息して発した言葉だとされる。この文章の真偽は明らかではないが、孔子は本気で他国の政治に関与したがっていたのである。

# 第五部　自らを磨き高める

## 1　真っ直ぐに生きる

いよいよこの小著も第五部をもって終わることになる。これまでのところでは、「学ぶ」、「教える」、「つき合う」、「指導する」について、主に孔子の教えを中心に紹介してきたが、最後は「磨き高める」で締めることにしたい。それというのも、以上の四部はもっぱら他人との関わりについて述べたもので（「学ぶ」は自己作業ではあるが、それは「教える」の前提でもある）、第五部はもっぱら自己の向上を中心テーマに据えて進めていくつもりである。

その最初に次の孔子の言葉を紹介しよう。

子曰く、人の生きるや直《なお》し。之れを罔《な》くして生くるは、幸いにして免《まぬが》るなり（雍也篇）

先生がおっしゃった。人は本来、真っ直ぐな生き方をするものである。そうでない者が生きているのは、偶然そうなっただけで、失敗を免れたにすぎないのだ。

「善は必然、悪は偶然」と捉える儒家の基本思想である、性善説の標本のような章と言えよう。もっとも孔子の頭の中には、まだ性善説が思想体系としてまとまっていたのではなかった。孔子の弟子のまた弟子の、そのまた弟子に当たる孟子によって、はじめてはっきりした形で性善説が体系化されたからである。ここで『孟子』を引くのは本意ではないが、公孫丑《こうそんちゅう》上篇に「人皆人に忍びざるの心有り」、現代語に訳すと「人には皆、他人の悲しみを見過ごすことのできない同情心がある」という章があり、孟子は人間に生まれながらに備わっている素朴な心情の存在を根拠に性善説を主張したといわれる（湯浅邦弘『諸子百家』）。

ところで文中の「直し」は正直の意味であるが、現実にはこれを「罔くして生きる」者がいつの世にも存在するのである。しかも彼等はわが物顔をして生きている。それらの者の存在を偶然として済ませることができるような社会が、果たして孔子の時代にあったのだろうか。私にはそうは思えないが、孔子は「幸いにして免るなり」としか言っていない。ここにも孔子の楽観主義を見ることができると言えよう。

ここでまたしても、「教師たるもの」を執拗に繰り返す私の悪い癖が首をもたげるが、世間には教師は真っ直ぐな生き方をして悪事は働かないという思い込みがあり、したがって教師が事件を起こすと、普通の市民よりはるかに厳しい眼を教員社会に向ける。新聞などは一段記事で済ませるような小さな出来事でも、教師の場合は二段抜きあるいは三段抜きで報道しようとするケースが少なくない。このことを教育者はいつも心に留めておいてほしい。

「真っ直ぐに生きる」と言えば、私の若い知人に木立という研究者がいて、その人の名前が真直である。つまり木立真直という姓名なのだ。私はかつてこの人と二人で、アメリカ・アイオア州で養豚農家の調査に行ったことがあった。アイオア州は全米一の豚の生産地であるが、州立大学農学部の構内には、「日本にシモフリ肉を輸出しよう」と書いてあるポスターが貼られていたのが可笑しかった。また州都のデモインは、『マディソン郡の橋』というベストセラー小説で一躍有名になった所でもある。木立氏はその名の通り真っ直ぐな性格の持ち主で、旅行中も実に爽やかな人物であった。だからこの章を読むと、いつも木立氏をなつかしく思い出す。

さて、孔子は次のような言葉も残している。これは弟子たちに囲まれて屈託なく楽しい会話をしている時に、孔子の口から漏れ出た言葉ではないかという気がする、面白い章であると思う。

子曰く、狂《きょう》にして直《ちょく》ならず、侗《とう》にして愿《げん》ならず、悾悾《こうこう》にして信ならざるものを、吾れ之れを知らず（泰伯篇）

先生が言われた。「ひとつのことに熱中するが、それでいて正直ではなく、子どもっぽさを持ちながら不真面目な、誠実ではあるが信頼が置けない、このような人間を私は知らない」。

「狂にして直ならず」、「侗にして愿ならず」、「悾悾にして信ならず」はそれぞれが相反し、あるいは矛盾した性格であり行動であるが、孔子はこのような人を「私は知らない」と言っている。しかし、その意味の取り方が実は問題なのである。普通に読めば、このような矛盾した性格や行動の人を「知らない」というのであるから、それは「いない」ことを意味していると考えてよかろう。孔子の楽観主義あるいは中庸を重視する精神に照らせば、そうなるのが当然であるかも知れない。

しかし、また別の読み方もできる。それは、「どうすることもできない」とか「どうすればよいのかわからない」と解釈する読み方である。その場合は、矛盾した性格を持ったり行動する人間が現実に存在することを前提としたことになろう。現代社会においても確かにこのような人間は少なからずいるし、また私たちの誰もがこうした矛盾を抱えて生きているといっても言いすぎではあるまい。したがって孔子としては、誰もがこのような矛盾した性格なり行動を持ちうることを指摘したかったのではあるまいか。

もうひとつ追加してここで原文を紹介することは省略するが、孔子は「中庸の人とともに歩むことができないのであれば、狂者か狷者《けんじゃ》と行動を共にしよう（あるいはそのどちらかをえらぼう）」（子路篇）とも言っている。ここで言う狂者とは積極果敢に行動する進取の気持のある人物、また狷者はその反対にかたくなに孤高を守るが、汚れたことには手を染めない人を指す。これらの人は中庸からは外れるが、それぞれが強烈な主体性を持って行動する点を孔子は評価したのである。孔子にはこうした一面もあったことを記憶しておいてよい。

## 2 『論語』の女性

これまでのところで、女性に関する記述が一度もなかったことに不審を抱いている読者がいるかも知れない。しかし、孔子が生きた時代も含めて古代中国は長い間つねに男尊女卑の世界であり、また孔子自身も、女性を対象に学問を教えることは考えもしなかったと思われる。政治や学問はすべて男性が独占していたからである。

しかし『論語』にはごく限られた数ではあるが、女性に関する章が収録されている。本節はもっぱら「自分を磨き高める」ことを中心に進めていくが、本節だけは女性に関する『論語』ということにしたい。最初に取り上げるのは、女性蔑視の言葉としてあまりにも有名な次の章である。

子曰く、唯《た》だ女子と小人《しょうじん》とは養い難《がた》しと為す。之れを近づくれば則《すなわ》ち不孫なり。これを遠ざければ則ち怨《うら》む（陽貨篇）

先生がおっしゃった。女子と下々の者とだけはその扱いが難しい。親しくし、優しくすると遠慮なくつけあがり、遠ざけて厳しくすると恨む。

「こんな言葉があるから『論語』は嫌だという人もある」とは金谷治の言であるが（『孔子』）、『論語』の教えがすべて現代に通用するものではないという、その代表的な例であることは確かである。名注釈者である南宋時代の朱子でさえ、この孔子の言葉を絶対的な定義とすることを憚ったと見えて、「慈愛の心で養っていけばよい」と腰が引けている。また、これはあくまで一般論であってすぐれた女性もいる、とする注解もあることをつけ加えておきたい。

その孔子が衛の霊公の夫人とデートしたことがあり、弟子の子路が大いに不快感を示したため孔子が狼狽したという話がある。それを紹介しよう。

子、南子を見る。子路説《よろこ》ばず。夫子之れに矢《ちこ》うて曰く、予《わ》れの否《しか》らざる所の者は、天之れを厭《す》てん、天之れを厭てん（雍也篇）

先生が南子を訪問された。子路はそれを快く思わなかった。先生は誓いを立てて言われた。「私を認めることができないようなことがあったとすれば、天が私を見捨てるであろう。天が私を見捨てるであろう」。

少し長くなるが、『論語』の中でほとんど唯一、孔子がスキャンダラスな高貴の女性と会った話なので、『史記』「孔子世家」を頼りに（フィクションに近い内容ではあるが）この経緯を説明しておきたい。南子というのは衛の霊公の夫人であるが、もとは宋の姫君だった。ところが霊公に嫁ぐ前に美男で女たらしの宋朝《そうちょう》と恋仲になるなど、不品行を取り沙汰されていた美貌の女性であった。孔子がこの南子に招かれて会ったのは、孔子が魯を出国して亡命放浪の旅に出た翌年のことで、しばらく知人の家に身を寄せていた時だった。

南子の方から会見の申し入れがあり、いったんは丁重に辞退したものの、夫の霊公と交際のある人と会うのが慣習になっているとのことで、やむをえず孔子は夫人に謁見した。『史記』の描写によると、「夫人は絺《あさ》の帷《とばり》の中にいた。孔子は門を入ると、北へ向かってぬかずいた。夫人は帷のかげで二度会釈した。彼女の珮玉《おびだま》のからりと鳴る音が聞こえた」（小川環樹・今鷹真・福島吉彦訳による）とある。これを知った子路が、謹厳な先生が淫乱な女性と会うなどあってはならぬことと、大変不機嫌になったので、孔子は「私は道に外れたことはしていない」と言い張って、誓いを立てたというのである。

孔子が南子に会ったのは、夫の霊公に接近して乱れていた衛の政治を正しい方向に導くよう進言するのが目的だったとする説もあるが、孔子ともあろう人が夫人を媒介にして霊公に近づこうとしたとは考えられない。さらに、弟子の子路が騒いだからといって、天に誓いを立てるというのも大袈裟すぎよう。そもそもこの話自体が虚構だったのではないかとも思われる。しかし、これと同じ時期に孔子は霊公夫妻と馬車を連ねて街なかを走り、その時に次の章の言葉を孔子が言ったと、『史記』はこの話に続けて記している。

子曰く、吾れ未だまだ徳を好むこと色を好むがごとくする者を見ざるなり（子罕篇）

先生が言われた。「私は美人を愛するほどの熱烈さで道徳を愛する人に出会ったことがない」。

これとまったく同じ言葉が衛霊公篇にも出てくるが、そこでは文頭に「已《や》んむるかな」（もうおしまいだなァ）がついていて、一層、慨嘆調になっている。『論語』に二度も載せられているところから推測すると、孔子はこれと同じような言葉を弟子たちに何度も聞かせていたのではないだろうか。それは孔子生涯の嘆息でもあったろう。それにしても道徳を愛するという理性的な思考と女性を愛するという本能的行動を比較して捉えるのは、いかにも孔子らしい着想だと感心させられる。普通なら両者は並行的に進行して何ら矛盾しないと考えるのではないか。

たとえば「論語で商売する」と言って、しまいには『論語講義』まで著した渋沢栄一は艶福家で、上半身と下半身は別人格だと割り切っていたらしい。渋沢の四男秀雄は、「孔子は論語に『ワレ未ダ徳ヲ好ムコト色ヲ好ムガ如クナル者ヲ見ズ』と言っているが、父は少なくとも、色を好む程度に徳を好んだ人だったと思う」（『父　渋沢栄一』）と述懐している。少し悪乗りしすぎたかな。

もし貴方が学校の教員であれば、是非、生徒たちにも次の章を教えてもらいたいものである。なかなか味のある孔子の言葉だから。もちろん読者自身にも役立たせたい教えである。

3　人生の極意

子曰く、之《こ》れを知る者は之れを好む者に如《し》かず。之れを好む者は之れを楽しむ者に如かず（雍也篇）

先生がおっしゃった。知っているというのは、好むのには及ばない。好むというのは楽しむというのには及ばない。

「之れ」というのは学問でもよいし、道徳の実践でもよい。孔子が言った「之れ」の対象はこのようなことであったと思われるが、現代社会に当てはめて考えると、仕事とか雑務でもよいのではなかろうか。たとえば学校で生徒が先生から仕事をさせられるような場合、教室を片付けるとか器物を運んだりするこどなど、先生から強制されて、しかも碌にやり方も教えられずにやらされたら、子どもたちはぶつぶつ言いながら嫌いや仕事をすることになるだろう。当然、能率は上がらない。

しかし先生から、その仕事の目的や進め方について適切な指導があれば、生徒たちは仕事の中身を理解して成果も上がるようになるのではないか。しかし孔子は、「知る」つまり理解するだけではまだ足りず、「好む」ようになれば能率もぐんと上がると教える。しかも孔子はさらにもう一つ上を目指せと言う。それが「楽しむ」という境地である。「好きこそ物の上手なれ」という諺もあるように、好きになることは能力が上がる早道であるし、能力が上がればさらに好きになれるという相乗効果も期待できるからだ。

つまらない雑務であればあるほど、なかなか好きになれるものではないし、まして楽しむ境地にはたどりつけまい。しかし生徒たちの創意工夫を引き出せるような指導をすることができれば、そこからさらに成果が上がるのではなかろうか。もっとも「言うは易《やす》く行うは難し」ではある。「理解する」（レベル1）から「好きになる」（レベル2）へはそれほどの困難をともなわずにステップアップできそうだが、「好きになる」から「楽しむ」（レベル3）にまで引き上げるには、相当の創意工夫とそれなりの自覚や努力が必要であろう。もともと好きな、もしくは好きになれそうな仕事であれば、レベル3に移りやすかろうが、そうではない単純で根気の要る雑務などは、容易にそこまで達することはできまい。よほどの達観が要求されそうである。

私自身のことを言わせてもらうと、若い頃に孔子の言葉に接して以来、雑事ほど好きになろう、できれば楽しもうと心掛けたつもりではあるが、思うような成果を出すのに苦労した憶えがある。しかし心構えとしてはいまでもつねに持っているつもりだ。

「楽しむ」と言えば、孔子は音楽をこよなく愛したようである。自分でも瑟を弾くことがあった。それは第三部9「会いたくない人」でも見た通りである。孔子はまた三十五歳の時、魯の内乱でとばっちりを避けるために大国の斉に赴き、しばらくそこに滞在したことがあった。その際、はじめて舜の音楽である詔《しょう》を聴いてその奥深さに感動した孔子は、三か月もの間、食事の時に肉を食べてもその味がわからなかったという、いかにもオーバーな逸話を『論語』は伝えている（述而篇）。

次に紹介するのは、孔子が目指した高い目標を簡潔な言葉で表現した章であるが、その中に「芸に游ぶ」という語句が入っていて、私はそこに興味を惹かれたので、先の孔子が音楽を好んだという話と結びつけてみた。

子曰く、道に志《こころざ》し、徳に拠《よ》り、仁に依《よ》り、芸に游《あそ》ぶ（述而篇）

先生が言われた。正しい目標を志し、道徳を根底に置いて、人の道（愛）を身につけ、教養の世界を楽しむ。そうありたいものだ。

この言葉も私は好きである。「道」、「徳」、「仁」、「芸」と四個の字が並ぶが、そのひとつひとつが奥深く、簡単に説明しきれるものでないことは、これまでにも出てきた孔子の言葉と同様である。しかしここでは、まず「道」を人間としてこのように生きていきたいと志す、人生の目標と見立てたい。そのためには人格を高めなければならない。それが「徳」であると考える。道徳という成句もこのように捉えるとわかりやすいのではあるまいか。そして、それを実践していくには「仁」、すなわち人間愛が寄り添っていなければなるまい。

最後の「芸」とは、孔子の時代には六芸といって、礼、楽、射、御、書、数の六つが最も重要な教養とされていた。また「芸に游ぶ」の游はもともと「泳ぐ」と読んでいたらしい。それなら自由に身を任せるという意味になり、そこから転じて「あそぶ」と読むようになったとのことである（吉川『論語』上）。したがって、「芸に游ぶ」とは自由に六芸を楽しむということであろう。もちろん孔子は青年時代からそのすべてを修めていたであろうが、六芸の中には楽があり、これは音楽を指しているが、孔子が殊の外音楽を好んだことはすでに述べた。身長が二メートルもあったという大男の孔子が、身をかがめて琴を奏でる姿は想像するだけでも楽しい。

礼と楽とは孔子学園の必修教養科目だったから、孔子も弟子たちに混ざって唱ったりしたことだろう。「子、人と歌いて善《よ》ければ、必ず之れを反《かえ》さしめて、而《しか》る後に之れに和す」（述而篇）とあるように、一緒に唱ってその人の唱い方がよければ、もう一度繰り返させ孔子もそれに合わせて唱ったという。この光景も微笑ましい。

## 4　ニッチに挑戦

ここでは、少し視点を変えて、自分が社会から（あるいは上司や先輩から）認められないことを嘆く前に、まず自分を磨き高めて、能力を身につける努力をしなさいと説く、孔子の言葉を四章紹介することにしたい。いずれも似通っているのは、孔子がよく口にしたからだと思われるが、細部ではニュアンスが異なっていたりするので、そのあたりに注意しながら読み比べていくことにしよう。

子曰く、人の己《おのれ》を知らざるを患《うれ》えず。人を知らざるを患う（学而篇）

> 先生がおっしゃった。人から認められないことに不満を抱くな。自分が相手の性格や力量を知らないことを反省すべきである。

知るべき相手が社会全体を対象とするのであれば事はかなり複雑になろうが、そうではなく決まった相手たとえば上司であるとか、友人であるとか、あるいはまた夫（および妻）や恋人など、特定の個人を対象と考えるならば、できるだけ相手のことを理解しようと努力すれば、当然ながら相手もこちらを理解しようとし、お互いに理解が深まるというものである。ちょっと今のテーマから外れるかも知れないが、応用編として言うと、『孫子』は「敵を知り己を知れば百戦危《あや》うからず」と教えている。戦争のことはともかく、スポーツや格闘技などの場合にも結構応用が効く格言ではあろう。

子曰く、己《おのれ》を知らざるを患《うれ》えず。其の不能を患う（憲問篇）

先生が言われた。自分が他人から認められないことを嘆くな。自分にそれだけの能力がないことを嘆くべきである。

子曰く、君子は無能を病《なや》みとす。人の己《おのれ》を知らざるを病みとせず（衛霊公篇）

先生がおっしゃった。人格の高い人は自分の力量がまだまだ足りないことを悩む。他人が自分の能力を知らないことを思い悩むことはしない。

このふたつの章を並べて読んでわかるのは、前の章は孔子が弟子たちにかくあるべしと教えているのに対して、後の章は「君子は」という語が冒頭にある通り、君子ならこうするだろう、そうするのが君子だと説く。弟子たちにもその段階にまで到達することを期待した言葉であると思われる。君子という語は『論語』の中ではしばしば使われていて、その都度、指導者とかリーダー、人格者、教養人、紳士、そしてもちろん本物の君子（君主）など、いろいろ使い分けているようだが、ここでは人格の高い人とか教養ある人くらいの意味で捉えておけばよかろう。

この言葉は現代に生きる私たちにも十分当てはまることなので、マイナス指向で内向きに落ち込むのではなく、あくまでプラス指向で自己研鑽に励むことが重要である。私自身の若い頃を思い起こすと、二十歳代後半はエコノミスト修業で放浪していたが、私の出身大学が私のために新しい講座を創設してくれたので、勇んで赴任はしたものの、同じ学部の中にはほとんど私の専門分野に近い人がいなかったため、はじめから他流試合を余儀なくされた。そこで関係する学会に所属して専門誌に論文を発表したり、学会で報告したりする日が何年も続いた。

私がはじめて入会した当時のミクロ経済学分野の金融学会では、関東なら東京大学出身者、関西では神戸大学出身者が互いにがっちりとスクラムを組んでメインストリーム（主流派）を形成しており、私のような私立大学出身者はなかなか相手にしてくれなかった。下手をすると、最後までアウトサイダーに甘んじなければならない。そこで私は一計を案じ、あまり主流派の連中がやりたがらないニッチの分野を開拓してそれに専念し、何とか認められることができたというわけである（たとえば経済行動における投機の要素を重視して、それを市場理論にまで広げる作業など）――私事に力が入りすぎたので、照れ隠しに、孔子にもう一度登場してもらうことにする。

子曰く、位《くらい》無きを患《うれ》えず、立つ所以《ゆえん》を患う。己《おのれ》を知ること莫《な》きを患えず、知るべきことを為すを求む（里仁篇）

この章はまだ読者の記憶に残っているかも知れない。第一部1「学びは人生の原点」で取り上げているからである。ここで再び持ち出した理由は、前の三章と似通ったニュアンスであるから、それらと比較したかったからであるが、「学びは人生の原点」のところで十分に述べていなかったことがあるのに気づいたからでもある。

この章のポイントが文章の最後の部分、「知るべきことを為すを求む」にあることを強調しておきたい。学問にせよ、さまざまな実践にしても、つねに積極的な行動を取ることによってはじめて地位を得ることができ、あるいは他人から認めてもらえることにつながると、孔子は教えている。

要は他力本願ではなくあくまで自分で自らに力をつけ、自信を持つことが成功につながるということであろう。孔子学園は純粋に学理だけを求めるのではなく、しかるべき官職に就くことを目的に門を叩く若者も少なくなかったから、孔子も折りにふれて弟子たちに自力本願を促す言葉を発していたものと思われる。またそれが孔子の本意でもあったろう。

## 5　益者三楽・損者三楽

中国では古くから三という数字を好んで使う習慣があることは、前にもふれたことがある（たとえば「益者三友損者三友」。第三部5「益者三友・損者三友」を参照されたい）。その章は『論語』の季氏篇に載せられているが、季氏篇には他にも三を使ってつくられている章がいくつかあり、いずれもここでのテーマに沿っていると思われるので、本節と次節でそれらを紹介することにしたい。

孔子曰く、益するものに三楽あり。損するものに三楽あり。礼楽《れいがく》を節するを楽しみ、人の善を謂《い》うを楽しみ、賢友多きを楽しむは、益なり。驕楽《きょうらく》を楽しみ、佚遊《いつゆう》を楽しみ、宴楽を楽しむは、損なり（季氏篇）

孔先生がおっしゃった。楽しみには有益なものが三種ある。一方、有害な楽しみも三種ある。礼儀正しく音楽を奏する楽しみ、すぐれた人の美点を褒《ほ》める楽しみ、賢明な友人を多く持つ楽しみは、有益である。驕り我儘勝手を楽しみ、怠けて遊び惚《ほう》ける楽しみ、酒盛りを楽しむのは、有害である。

いかにも〝マジメ人間孔子〟らしい定義づけであると感心する。「益者三楽」の中では礼楽というのが現代のわが国では想像もつかないが、あとはすべていまの時代に当てはめても結構通用するのではないだろうか。もっとも礼楽については、すでに第一部8「教師はわが子の教育が苦手？」で「子曰く、詩に興り、礼に立ち、楽に成る」（泰伯篇）を引用して述べているので、ここでは現代語訳を追加し、若干の補充を行うだけにとどめておきたい。

先生がおっしゃられるには、まず詩を朗読して知的興奮を起こし、次いで礼すなわち人間社会の規範を身につけ、最後に音楽によって人間性を完成させることだ。

これは、人間としての修業のプロセスを孔子が示したものと解されているが、先の「益者三楽」に戻って、「礼楽を節する」という箇所について考えると、自分の行動を礼楽の節度に合わせることを楽しむというように理解することができるだろう。このことは、音やリズムに対して人間が感ずる自然な反応を、道徳論として人心陶冶の目的に活用しようとする孔子、ひいてはそれ以後の儒家の音楽論の基礎をなすものとも考えられる。近現代のわが国における学校教育の科目の中に音楽が入っているのも、考え方としては儒教と軌を一にしているのではあるまいか。音楽科担当の教員の意見も是非聞かせてほしいと思う。

さてそれでは、「損者三楽」の方はどうか。これは現代でもピッタリの孔子の指摘であり、二千五百年前もいまと同じ楽しみ方をする連中がいたというのも興味深い。さぞ孔子は顰《しかめ》っ面をして見ていたのであろう。なお、吉川は宴楽のことを消費生活の贅沢と訳しているが（吉川『論語』下）、それはむしろ驕楽の一部であると考えた方がよいのではなかろうか。これは経済学徒としての私の意見である。

それでは、ここでもうひとつ、三の数字がつく孔子の言葉を挙げておくことにする。

子曰く、古《いにしえ》は民に三疾《しつ》有り。今や或《ある》いは是《こ》れすら之《こ》れ亡《な》きなり。古の狂や肆《し》、今の狂や蕩《とう》。古の矜《きょう》や廉《れん》、今の矜や忿戻《ふんれい》。古の愚《ぐ》や直。今の愚や詐《さ》のみ（陽貨篇）

先生が言われた。昔は人民に三つの欠陥者があった。しかし今ではそれが失くなり、別のものになってしまった。昔の無作法者は心が伸びのびしていたが、今の無作法者は気儘で出鱈目である。昔の傲慢者には角《かど》があり、謹厳でもあったが、今の傲慢者はただ怒って争うだけだ。昔の愚か者はたんに愚直だったが、今の愚か者は嘘をついてごまかすだけだ（悪徳でさえ昔はそれなりの良さを持っていたが、今ではまったく失ってしまっている）。

それでは、孔子が言う「古」とはいつを指すのか。孔子はつねに、周王朝の創始者である武王の弟で兄を補佐した周公旦を熱烈に崇敬していたから、周公が封建制度をはじめとする諸制度を整備し徳政を敷いた時代を「古」、つまり「古き良き時代」として憧れていたと考えてよい。孔子の周公旦に対する崇敬の念については最終節でふれることにしたい。その時代というのは孔子が生まれる五百年も前であるが、孔子が活躍した春秋時代末期は政治や社会が大きく変化して不安定になっていた。

その原因のひとつは、周王朝の権威が衰えて統制が効かなくなり、諸侯が抜扈して大国が中小国を支配する現象が進んだことである。折角、周公が心血を注いでつくり上げた封建制度が崩れ始め、また諸侯だけでなくその家臣である卿大夫の中にも主君を凌駕する実力者が現れるなど、いわゆる下克上の状態が出現した。

また経済面でも変化が生じた。その最大の出来事は井田《せいでん》制の崩壊であった。井田制という制度はよくわからないと言われるが、田畑を公田と私田とに分け、公田は君主が所有して農民はそこで労力を提供して農耕に従事する義務が課せられる一方、君主から貸し与えられた私田での収穫物は農民が自由にできる制度と考えればよかろう。しかし人口増加と農耕技術の向上により私田の収入が増えた一方、公田の収入は相対的に減少した。そこで君主は対抗措置として農民に税を課することにしたのである。しかも農民にも兵役を義務づけたが、同時に武器を所有することも認めたから、圧政に不満を持つ者が乱暴を働く物騒な社会に変貌するようになった。周公旦の時代を賛美する孔子にとって、「今」が嘆かわしく映ったのであろう。

## 6　「三戒」と「三愆」

前節に続いて本節でも、三の数字でつくられた文章を紹介したい。なかでも次に掲げる章は、あるいは孔子自身の体験から生まれたのかもしれないが、そうだとすれば孔子も人間臭い生き方をしたものだと、にわかに孔子に親近感を寄せたくなるような言葉である。現代においても十分に通用する「自戒」の言葉と言うべきだろう。

孔子曰く、君子に三つの戒《いまし》め有り。少《わか》き時は、血気未だ定まらず。之れを戒むること色《いろ》に在り。其の壮《さか》んなるに及びてや、血気方《まさ》に剛《つよ》し。之れを戒むること闘《とう》に在り。其の老ゆるに及びてや、血気既に衰う。之れを戒むること得《とく》に在り（季氏篇）

孔先生がおっしゃった。教養のある人格者にも三つの戒めがある。青年期は血気がまだ不安定であるから、色欲を抑えなければならない。壮年期になると血気さかんになるため、闘争欲を自制すべきである。また老年期には血気は衰えるが、利益を守りたくなるため、物欲（貪《どん》欲）を自重しなければならない。

アメリカの大学生に、「いま君が一番したいことは何か」とアンケート調査したところ、男子学生の回答の第一位が「セックス」だったという話を聞いたことがある。さもありなん、日本の大学生もそれに近いのではないか。しかし最近では草食系男子という言葉も流行していて、セックスに興味を持たない若者も増えているとか。この話、にわかには信じ難いが、青年男子がこんな有様だとしたら、これから先どうなるのか。これでは、まさに人類滅亡の危機である。

孔子にも、色欲、闘争欲、物欲があったのかどうか。『史記』の「孔子世家」や『論語』を読んでも、孔子の青年期の行動はほとんど書かれていないため、よくはわからない。しかし孔子は十九歳で結婚し、その翌年には息子の鯉が生まれているから、色欲で苦しむことはなかったであろうと推測される。また壮年期には、孔子は二度魯から外へ出国しているが、どちらの場合も魯に居辛くなっての国外逃避行であり、闘いに敗れての出奔とは少し様子が違う。さらに、老年になって魯に戻ってからの生活は、もっぱら後生の教育と古典研究に没頭しており、私生活も簡素なものだったと思われるから、物欲に凝り固まっていたとは考えられない。やはりこの章は、孔子の経験を元にしたというよりも、一般論を語っていると解釈した方がよさそうである。

少し話題が戻るようだが、第三部7「仁に近い人」のところで、「子、罕に利と命と仁とを言う」という章を紹介した際、孔子が利について語ることが滅多になかったのは、利すなわち利益とか利殖という行為が孔子にとってはネガティブな概念だったからだとする説があるが、私はそれとは異なった解釈を持っていると述べた。いまここで、私の考え方を披露しておきたいと思う。

孔子は決して利のことをネガティブに捉えていたのではなかった。たとえば、「子曰く、利によりて行えば、怨《うら》み多し」（里仁篇）――利益のことだけを考えて行動していると人から怨まれることが多い――と言って、人間の行動の動機を牽制したり、あるいは、「……利を見ては義を思い、危うきを見ては命を授け……亦た以て成人と為すべし」（憲問篇）――利益を前にしては正義を優先させ、危険を前にしては命を捧げ……このような人は徳の完成者と言える――と語って、正義と利益を対決させたりというように、利を他の徳目と対比させながら考えようとしている。その意味では、この章を「利につい て語る時は、必ず命とか仁とを対比させた」と解釈するのがよいということになる（わが国では荻生徂徠がそう解釈している）。

また孔子の諸国放浪の長旅には最後の楚まで同行し、その間、孔子一行を経済的に支えたのは弟子の子貢であったが、孔子は子貢がその費用を商品の投機取引から生まれた利益によって賄っていることを承知していたし、また子貢の投機予測が屡《しばしば》当たることを評価していたくらいであるから、利益の重要性を無視したり軽視することはなかったはずである。

さて、最後にもうひとつ、「三愆《けん》」について紹介しておこうと思う。もっともこの章は、上司に仕える部下の心得を教えるものであるから、ここで取り上げるのは趣旨に合わないかも知れないが、これも処世術のうちだと割り切って読んでもらいたい。そう考えると、かなり重要な章である。

孔子曰く、君子に侍するに三つの愆《あやま》ち有り。言未《げんいま》だ之れに及ばずして言う、之れを躁《そう》と謂う。言之れに及びて言わざる、之れを隠《いん》と謂う。未だ顔色を見ずして言う、之れを瞽《こ》と謂う（季氏篇）

孔先生がおっしゃった。上司のそばに仕えていて、犯してはならない過《あやま》ちが三種類ある。まだ自分が発言すべき時でもないのに言う、これはせっかち（躁）である。自分が話すべき時になっても発言しない、これは隠し立て（隠）である。また、上司の気持ちを無視して発言する、これは身勝手（瞽）である。

なるほど、これは言い得て妙、である。とくに相手が目上の人の場合に限らず、人との対話でも会議での発言でも、利用価値は大きいと言うべきだろう。私も長い間、さまざまな会議に出席したりあるいは会議を主宰してきた経験があり、発言のタイミングについては嫌と言うほど身に浸みている。その場の思いつきで討論の流れを乱すような発言をする輩もいるが、これは論外である。私が会議のメンバーとして出席した場合の発言のタイミングは、誰よりも早く発言するか（機先を制することができる）、逆に皆の発言を十分に聞いて最後に発言するか（会議の結論をリードできる）、のいずれかである。どちらもかなり度胸が要る。しかしその効果は絶大である。読者も是非、試してみてほしい。但し、失敗すれば貴方の評価は地に堕ちる。

## 7 老いを忘れる

これからしばらくは、孔子の生き方や考え方を通して孔子が理想とした境地に近づき、そこに私たちにとっても参考にすべきところがあればそれを学ぶことにしたい。まず本節では、主に楚の重臣で孔子が晩年に親しくしていた葉公《しょうこう》という人物が登場する。このいささか奇矯な人物にも興味をそそられる点がある。

葉公《しょうこう》、孔子を子路に問う。子路対《こた》えず。子曰く、女奚《なんじな》んぞ曰わざる、其の人と為《な》りや。憤《いきどお》りを発して食を忘れ、楽しみて以て憂いを忘れ、老いの将《まさ》に至らんとするを知らざるのみと（述而篇）

楚の重臣である葉公が、子路に孔先生の人柄について尋ねたが、子路は何も答えなかった。そのことを子路が先生に報告すると、先生はこうおっしゃった。「お前はどうしてこう言わなかったのか。その人となりは、人間としてのあり方を求めて発憤すると、食事することを忘れ、自分の道を楽しんで憂いを忘れる人です。また、老いが自分の身に訪れようとしていることさえ気に掛けない、そんな人柄ですと、どうして言わなかったのか」。

葉公のことは後でふれることにして、子路が葉公から孔子の人柄を問われて、何故なにも答えなかったのか。それは、孔子の人物が偉大すぎて子路にはどう答えてよいのか、咄嗟には思い浮かばなかったからだとする説がある一方で、子路には葉公の質問の趣旨がよく理解できなかったからだともいう。まァ、それはどちらでもよいのであって、この章の重要なポイントは言うまでもなく、孔子自身で語った〝孔子の人柄〟なのである。

これはもう孔子を語ってそのものズバリ。もちろん自分自身の言葉であるから、他からは何とも評しようがない。私のような年齢になると、「老いの将に至らんとするを知らざるのみ」と言い切れる何か、つまり社会的義務とまでは言わないものの、学問でもよい、ボランティアでもよい、もちろん趣味や道楽でも構わない、そういうものが必要だと痛切に考えるようになる。有難いことに私はいま、この本の執筆に余念がないから、「老いの将に至らんとする」のを忘れてはいるが。

孔子が葉公と親しくしたのは、『史記』の「孔子世家」によれば孔子が六十四歳の時で、孔子はまだ亡命放浪中に蔡から葉（楚の県名）を訪れ、そこで葉公に会ったものと思われる。葉公の姓は沈《しん》、名は諸梁《しょりょう》（字は子高《しこう》）であるが、葉の長官であったうえ楚は大国なので特定の重臣には公を称することが認められていた。孔子が葉公に会ったのは、葉公が楚以外の国でもよく知られていたからなのか、それとも葉公が孔子の名声を知っていて会いたがったのか、そのあたりはよくわからない。

そんなある時に、孔子と葉公との間で交わされた議論がその後、徳政と法治をめぐる儒家と法家の重要な論争点のひとつに発展した。その話で本節を締めくくることにしたい。

葉公、孔子に語りて曰く、吾が党に躬《み》を直《なお》くする者有り、其の父羊を攘《ぬす》む。子之れを証す。孔子曰く、吾が党の直き者は、是れに異なり、父は子の為に隠し、子は父の為に隠す。直きこと其の中に在り（子路篇）

葉公が孔先生に話された。「私どもの村に正直者がおりまして、自分の父親が羊を盗みました時、息子がそれを証言しましたので父は有罪になりました」。孔先生はおっしゃられた。「私どもの村の正直者はそれとは違います。父は子のために（悪事を）隠し、子は父のために隠します。正直の意味はそこにあります」。

この章は、徳政と法治の違いをきわめて端的に比較した、『論語』の中でも有名な会話である。孔子が主張するような、親子で悪事を隠し合うことを容認すれば、法に基づく社会秩序の維持は不可能になる。しかし孔子は親子の関係を何よりも重視し、とくに子は親を敬って孝養を尽くすべきだと教えている。この孔子の考えがやがて儒家の根本思想のひとつに練り上げられていくのであるが、実は法による政治を説いた『韓非子』にも、これと同じような内容の文章が載せられている。もちろん法家は痛烈に儒家を批判する立場であったから、そこでは孔子も非難されている。そのあたりの内容を要約しておくと次のようになる。

魯の国が戦争した時、三度出陣して三度逃げ帰った兵士がいた。孔子が何故逃げ帰ったのかと聞くと、「私には老いた父親がおります。私が死んでしまえば、父を養う者がいなくなります」と答えた。孔子はその男の孝行ぶりに感心して、彼の位を上げてやった。一方、楚の国では息子に訴えられた父親が罰せられてからというもの、罪人を訴え出る者がいなくなった。反対に魯では、孔子が敗走した兵士の位を上げてやってからは、魯の人民は戦場から逃げ帰るのを恥と思わなくなった（西野広祥・市川宏訳を参照）。

葉公が孔子に得意気に語った話は、後に秦の始皇帝によって採用された法による政治を先取りしたもので、確かに説得力に富むが、孔子が懸念したのは、親子の間でさえ悪事をあばき合うようでは人間不信のとげとげしい社会になってしまい、それこそ徳政から遠く離れるということだったろう。孔子の死後二百五十年経って秦の始皇帝が天下を統一し、法家思想に基づく政治が徹底されたが、わずか十五年で秦は滅亡してしまった。法を運用するのは人間である。その人間がいつも法に従うとは言い切れまい。法治には限界があったのである。孔子が説いた徳政は秦の次の漢時代に儒教倫理が定着するようになって蘇り、君臣、父子、夫婦という三つの関係、すなわち「三綱」と呼ばれた封建道徳の中で、親子の情に配慮するようになった。

## 8　三省のすすめ

孔子晩年の直系弟子である曽子については、すでにふれたところもあったが、この曽子に次のような言葉がある。いかにも実篤なこの人にふさわしい、すばらしい内容だと思う。私たち一人ひとりがこのようであれば、無用な紛争など起こりえないのではないか。

曽子曰く、吾れ日に三たび吾が身を省みる。人の為《た》めに謀《はか》りて忠ならざるか。朋友と交りて信ならざるか。習わざるを伝うるか（学而篇）

曽先生が言われた。私は毎日三つの事について反省する。人のために相談に乗りながら忠実さを欠いてはいなかったか。友人と交際していて信義に欠けることはなかったか。十分に習熟していない事柄をそのまま教えたのではなかったか。

ここでも三の数字が使われている。よほど、中国の人は三が好きだったのだと改めて感心させられる。

しかし「三省」という成句はここから生まれたのだから、馬鹿にしてはいけない。中学や高校の英語教科書では老舗の三省堂という社名も、この言葉から採ったものだ。そう言えば、私が中学校に入ってはじめて英語を学んだ時に使っていた教科書が、三省堂の『King's Crown Reader』だったことを思い出す。あの頃の教科書は、今のように多色刷で写真やイラストなどで飾られた綺麗なものではなく、ただ英語ばかりが黒々と並んだ殺風景なものだった。

さて本章に戻ると、曽子は「忠ならざるか」、「信ならざるか」、「習わざるを伝うるか」の三点だけを反省するとしているが、とくにこの三つに限定することはあるまい。もっと広くさまざまな点でも反省しなければならないが、ともかく最も重要だと曽子自身が考えた三点を取り上げて反省の材料としたのだというようにも解釈できる（たとえば加地『論語』）。私もそう考える。また伊藤仁斎は『論語古義』の中で、反省すべき事柄がすべて人との関係で述べられている点を重視しているが、それは孔子学派の思想体系の中心に仁（人間愛）が置かれていることからも当然のことであろう。

「一日に三度も反省している暇などない。現代人は忙しすぎるのだ」との反論も聞こえてきそうだが、反省すること自体が自らを高めることに役立つのだから、いつでもよい、反省すべきことを思い出せばよいのである。私など反省しなければならないことを山ほど抱えているから、いつでも何かを反省しながら暮らしている。しかし、反省するだけで終わってしまってはいけない。そこから改善すべき点を見つけることがもっと大事なことだと、自分自身に言い聞かせてはいるのだが。

ところで曽子は、孔子の死後も魯で師の衣鉢《いはつ》を継ぎ、門弟を持って教育に従事していた。その曽子にも死が近づいた時、魯の重臣である孟武伯の息子の孟敬子が曽子を見舞った。次の章は死に臨んだ曽子が孟敬子に遺《のこ》した言葉である。

曽子疾《やまい》あり。孟敬子《もうけいし》之れを問う。曽子言いて曰く、鳥の将《まさ》に死なんとするや、其の鳴くこと哀し。人の将に死なんとするや、其の言《げん》や善し。君子の道に貴《とうと》ぶ所の者は三つ有り。容貌を動かせば、斯《すなわ》ち暴慢に遠ざかる。顔色を正しくすれば、斯ち信に近づく。辞気《じき》を出《い》だせば、斯ち鄙倍《ひばい》を遠ざく。籩豆《へんとう》の事は、則ち有子《ゆうし》存す（泰伯篇）

曽先生が重病になられ、孟敬子が見舞いに来られた。曽先生はこう言われた。「鳥が死ぬ時の鳴き声は哀しいが、人が死ぬ時の言葉には心がこもっております。どうぞ私の話を聞いて下さい。為政者が礼について尊ぶことが三つあります。立居振舞いを整えれば人は危害など加えたりはしません。顔色を正しくすれば人からだまされることはありません。正しい言葉使いをすれば卑しい言葉は入ってきません。この三つが大切なことで、祭器（籩豆）のことなどは専門の役人がおります」。

孔子が弟子たちを教える課目としてとくに重視した礼というのは、中国の古代社会における祭祀の儀礼から発したもので、周公旦が周の礼制を定めたとされているが、その内容は明確ではなく、時代が下がると、たんに祭礼の順序や手続き、器物の並べ方など形式的な制度だけが重視されるようになっていった。孔子は古い礼の形に戻すと同時に、形よりも心の重要さを説くことにも熱心であった。曽子はそうした孔子の意図を最も正しく後世に伝えようとした門人だったと言えよう。だからこそ、大事な祭礼を司る立場にある孟敬子のような重臣が、礼器に盛る豆の数などの小事に気を使うな、もっと大きく堂々とした態度で臨みなさいと諭したのである。学校の入学式や卒業式の準備で、講堂に椅子を並べたり数を数えたりする仕事に、校長自らが身体を動かしている姿を見掛けることがあるが、、そのような人には、是非、この章を読んでほしいと思う。

曽子はまた、孔子の弟子の中では最も孝悌心に厚い人としても知られている。ここでは、そのことを立証するだけのゆとりはないので、ひとつだけ、曽子がやはり臨終に際して弟子たちを集め、布団を開いて手と足を見せながら語った言葉を紹介しておきたい。

「私の手と足を見てほしい。深い淵に臨んでは墜落を恐れるように、薄氷の上を踏んでは陥没するのを恐れるように、私は注意深く自分の身体を守ってきた。しかしこれからは、その心配をしなくても済むよ」（泰伯篇）

これは、『孝経』にある孔子の言葉、「身体髪膚《しんたいはっぷ》之れを父母に受く。敢えて損傷せざるは孝の始めなり」を受けたものである。残念ながら、いまの私の身体には胆嚢《たんのう》がない。三十年前にニューヨークの病院で失ってしまった。しかしいまは亡き両親には、最後までこのことを伏せておいた。

# 9 傲慢と頑固

本節では富と貧困について、孔子一門の中で随一の富者だった子貢との対話も入れながら、この問題に迫ってみたい。現代においてもこのテーマは、先進国と新興国、あるいは国内でも格差の問題として、ますます重要視されるようになっている。いまから二千五百年前の孔子の時代にはどうだったのか。富貴と貧賤を対比した孔子の言葉は、『論語』にはあまり現れないが、孔子の基本姿勢を表現してぴったりの言葉がある。ここから始めよう。

子曰く、富《ふ》と貴《き》とは、是《こ》れ人の欲する所なり。其の道を以てせざれば、之れを得《う》るとも処《お》らざるなり。貧《ひん》と賤《せん》とは、是れ人の悪《にく》む所なり。其の道を以てせざれば、去《さ》らざるなり（後略）（里仁篇）

先生が言われた。財産と高い地位とは誰しも欲しがるものである。しかし、正当な方法で得たのでなければ、そこには安住しない。貧乏と低い身分とは誰もが嫌がるものである。しかし、本来そうあるべきでないのに貧賤になったとしても、それを避けない。

何とストイックな孔子の人生観ではないか。不正な方法や手段で財産や高いポストを手に入れたとすればそこには住めない、というのはわかるが、貧賤になる正当な理由がないのにそうなってしまった場合でも、「それを避けない」という境地に果たしてなれるものだろうか。私のような凡人には理解しにくいところである。

もうひとつ、これも孔子の姿勢を強調した言葉を見よう。ここまでくれば、孔子は意地になっているみたいだが。

子曰く、奢《しゃ》なれば則ち不孫《ふそん》、倹《けん》なれば則ち固《こ》。其の不孫ならんよりは、寧《むし》ろ固なれ（述而篇）

先生がおっしゃった。「贅沢に慣れると尊大になり、倹約しすぎると頑固になる。（どちらも行きすぎだが）尊大になるよりは頑固《かたくな》の方がましだ」。

金持ちには傲慢で尊大な人が多いと言われる。余裕ができればむしろ穏やかになるのかとも思われるが、幸いにして、私は金持ちではないのでよくわからない。「金持ち喧嘩せず」という言葉もあるが、果たして本当なのだろうか、それもなってみないとわからない。私に何とか理解できそうなのは、倹約しすぎると吝嗇《けち》になって人との交際も途絶え、孤独で固陋《ころう》になりがちだということである。孔子が「むしろ固なれ」と言ったのは、人との関係において無礼（不遜）になるくらいなら、一人で頑固でいる方が公害が少ないと考えたからではなかろうか。

さて、ここで子貢を登場させよう。この人も富者にありがちな尊大さを備えていたように察せられるので、孔子がどのように諭したのかを次の章で見ることにしたい。

子貢曰く、貧しくて諂《へつら》うこと無く、富みて驕《おご》ること無きは如何。子曰く、可なり。未《いま》だ貧しくして楽しみ、富みて礼を好む者に若《し》かざるなり。子貢曰く、詩に、切《せっ》するが如く、磋《さ》するが如く、琢《たく》するが如く、磨《ま》するが如しと云うは、其れ斯《こ》れを謂うか。子曰く、賜や始めて与《とも》に詩を言う可きのみ。諸《こ》れに往《おう》を告げて来《らい》を知る者なり（学而篇）

子貢が先生にお尋ねした。「貧乏であっても卑屈ではなく、金持ちになっても傲慢ではない。そういう生き方はどうでしょうか」。すると先生がお答えになった。「宜しい。悪くはない。しかし、貧しくても楽しみ、金持ちであっても道徳を好む者には及ばないよ」。子貢がさらに、「『詩経』の中の詩に〈切するが如く、磋するが如く、琢するが如く、磨するが如し〉とありますが、このことでしょうね」と言うと、先生は（満足そうに）、「賜（子貢の名）よ、お前は詩がわかっているね。それでこそ、一緒に詩の話ができる。前の話を聞いて後のことまでわかるのだから」とおっしゃった。

子貢にしてみれば、多分に心の余裕を持ちながら金持と貧者の道徳のあり方を並列して、できれば師匠から褒めてもらおうとしたのかも知れない。ところが孔子は、さらに一段とび上がった答え方をした。子貢も負けてはおれず、咄嗟に『詩経』の中の古い衛の民謡で、職人が玉や石を加工することを怠らないのと同様に、君子も道徳の修練を怠らないという意味の詩を思い出して、口にしたのであろう。日本の俳句もそうであるが、詩は飛躍の文学である。だからこそ、子貢の言葉に孔子もわが意を得たりとばかりに喜んだのである。

さて最後に、子貢に関するもうひとつのエピソードを加えておきたい。『史記』の「貨殖列伝」には、子貢が主に物資の売買で財産を築き、諸侯とも対等につき合ったと書かれているが、ある時、子貢が同門の原憲《げんけん》が落ちぶれている姿を軽蔑して、「あなたは病んでいるのか」と言ったところ、原憲は「財産がないのを貧と言い、道徳を学んでも実行できない者を病《やま》いと言うと聞いている。私は貧ではあるが、病いではない」と、逆に貨殖の道に長《た》けた子貢を痛烈に皮肉った。さすがに子貢もこの時の自分の発言を恥じて、死ぬまで忘れることがなかったと言われる。これは、同じ『史記』の「仲尼弟子列伝」に載せられているが、子貢の一面を鋭く衝いている。万更フィクションでもあるまい。

## 10　夢に周公を見ず

これまでの各部では、もっぱら孔子の言葉を数々紹介しながら、現代に住む私たち――とりわけ教職の世界にいる人にも参考になりそうなエピソードなどを紹介してきた。孔子は為政者や弟子の一人ひとりに対して、最も適切な言葉で教えたり諭したり、時にはからかったりすることが多いため、全体としての孔子の思想を捉えにくいという印象を持った読者も少なくなかったと思う。しかし読み進むうちに、徐々に孔子の全体像が見えてきだしたのではなかろうか。そこでは、どうやら孔子は完全無欠の聖人ではなく、むしろ真理を探し続ける求道者という孔子像を感じた読者もいるに違いない。

そこで最終節である本節では、孔子が自身の思想を前進させ完成に向かわせた原動力が、周の始祖の一人である周公旦に対する深い崇敬の念と思慕にあったことに焦点を合わせて、考えてみたいと思う。孔子は述而篇の冒頭で、「述べて作らず、信じて古《いにしえ》を好む」（自分は祖述はするが創作はしない。先人を信じて古典を好む）と語っていて、もっぱら古典である『書経』、『詩経』、『礼記』などの解釈や注釈を行った。しかし孔子が自らの思想を構築していくバックグラウンドには、必ずいつも周公旦の姿があった。そのことを述懐した孔子の言葉から本節を始めよう。

子曰く、甚だしいかな、吾が衰えたるや。久しいかな、吾れ復《ま》た夢に周公を見ず（述而篇）

先生が言われた。私も年老いて、肉体がよほど衰えたに違いない。昔は（私が理想としてきた）周公の夢をよく見たものだが、もう周公の夢を見なくなってから随分経った。

この言葉だけで、美しい詩になっていると思わずにいられない。若い時代から、孔子は絶えず周公を理想像として学問、とくに古典の研究に励んだのであろう。それがいつの間にか老いて、身体だけでなく精神力にも衰えを感じての孔子の慨嘆である。

周公とは、殷の紂主を倒して周を興した（殷周革命）武王の弟で姓は姫、名は旦という。武王が革命成功の数年後に早世したため、周公は武王の子でまだ幼少の成王を補佐して殷の残敵を鎮圧し、成周（現代の洛陽）に城を建設して周を統治する拠点とした。周公は長子相続、宗法、封建などの諸制度を創作したほか、礼楽制度もつくった知の天才であった。周公はそれらの事業に専念したため、最後まで自らが治める封土を持たなかった。その子の伯禽《はくきん》が魯に封じられて、父が定めた礼楽制度を魯にも設け、これを継承させようとした。孔子は魯の出身であるから、殊の外周公への愛着心が深かったのも当然であったろう。

孔子は周公のすぐれた知性と、そこから生み出された文化的創造物に自己の理想像を見出し、それを五世紀以上も経た孔子の時代に再生させようと目論んだが、かといって決して周公の模倣ではなかった。時代は五百年の間に大きく変わり、周王朝の威令はまったく行われず、周公の定めた封建制度も崩壊し始めており、下克上が公然と現れてもいた。魯の三桓氏などはその好例であった。しかしその間にも、血縁的社会は基本的に変わることがなかったため、孔子は孝悌の礼を基礎にそれを人間同士の思いやりにまで広げ、そこから生まれた仁（字の作られ方からいえば「二人の人」）を思想の中心に据えて、人間の生き方さらには支配者・為政者のあり方を説き続けたのである。その姿勢には少しの揺るぎもなかった。

その孔子が何と、今度は周公旦の名前を挙げてまで、傲慢と吝嗇《りんしょく》を厳しく糾弾しているのだから驚きである。

子曰く、如《も》し周公の美有りとも、驕《きょう》にして且《か》つ吝《りん》ならしめば、其の余《よ》は観《み》るに足らざるのみ（泰伯篇）

先生が言われた。もし、あの周公ほどの立派な才能があったとしても、傲慢でしかも吝嗇という二つの欠点があれば、（他の美点はすべて帳消しになり）、目を止める価値もなくなるだろう。

孔子が傲慢な人間を最も嫌ったことは、前節でもふれたが、それに加えてケチとくればどうしようもない。しかし、そのことを強調するために、わざわざ周公の名前まで持ち出したのは何故であろうか。周公の名前は『論語』の中で合計四回現れるが、本節で取り上げた二章以外はとくに目立つものではない。それだけに、ここでの孔子の言葉が気になるところである。もちろん孔子は、周公に対して万が一にも傲慢や吝嗇であったと考えたわけではなく、逆に完全無欠な聖人として崇敬している。しかし、もしそのような人であっても傲慢でケチであれば許せないと、まことに極端な比喩を使ってまで、傲慢で吝嗇な人間は不徳の極みだと孔子は考えていたのである。私はそこに完全主義者としての孔子を見たような気がする。

なお、驕は自分の所有を人に誇り、吝は自分の所有を惜しんで人に与えないという意味で、両者は同一人格の中でセットになっているとの解釈もあるようだ。それなら私たちの近くにもいる。つまり、地位もあり能力も高いだけに扱いにくいタイプの人間である。学校社会にもいるのではなかろうか。もちろん、会社や官公庁にもいるに違いない。そんな人物でも、上司であれば辛抱してつき合っていかなければならない。そのあたりが現代社会の難しいところでもある。なかなか孔子のように、ずばり一刀両断で斬り、そのような人物とはつき合わない、というわけにはいかないからである。

ましてや、自分がそのような人間であっては困る。孔子は「貧しくて怨むこと無きは難《かた》く、富みて驕《おご》ること無きは易《やす》し」（憲問篇）と言うが、実はどちらも難しい。その意味でも、格差なき社会の実現が切にのぞまれるのである。

# 参考文献一覧


井上靖『孔子』新潮社（新潮文庫）、一九九五年
井原隆一『「論語」を読む』プレジデント社、一九九八年
内野熊一郎・西村文夫・鈴木総一『孔子』清水書院（人と思想）、一九六九年
宇野哲人『論語新釈』講談社（講談社学術文庫）、一九八〇年
江連隆『論語と孔子の事典』大修館書店、一九九六年
小川環樹・今鷹真・福島吉彦『史記列伝（五）』岩波書店（岩波文庫）、一九七五年
小川環樹・今鷹真・福島吉彦『史記世家上（中）』岩波書店（岩波文庫）、一九八二年
加地伸行『論語』角川学芸出版（角川ソフィア文庫）、二〇〇四年
加地伸行『論語全訳注・増補版』講談社（講談社学術文庫）、二〇〇九年
金谷治訳注『論語』岩波書店（岩波文庫）、一九六三年
金谷治『孔子』講談社（講談社学術文庫）、一九九〇年
狩野直禎『孔子・「論語」の人間学』学陽書房、一九九八年
子安宣邦『思想家が読む論語』岩波書店、二〇一〇年
佐久協『高校生が感動した「論語」』祥伝社（祥伝社新書）、二〇〇六年
渋沢栄一『論語と算盤』国書刊行会、一九八五年：角川書店（角川ソフィア文庫）、二〇〇八年
渋沢栄一『論語講義』明徳出版社（復刻版）、一九七五年：講談社（講談社学術文庫）、一九七七年

下村湖人『論語物語』講談社（講談社学術文庫）、一九八一年
白川静『孔子伝』中央公論社（中公文庫）、一九九一年
丁寅生（孔健・久米旺生訳）『孔子物語』徳間書店（徳間文庫）、二〇〇八年
寺田隆信『物語中国の歴史』中央公論社（中公新書）、一九九七年
林田慎之助『史記・貨幣列伝を読み解く』講談社、二〇〇七年
宮崎市定『史記を語る』岩波書店（岩波文庫）、一九九六年
宮崎市定訳『史記列伝抄』国書刊行会、二〇一一年
村山孚『「論語」一日一語』ＰＨＰ研究所（ＰＨＰ文庫）、一九九六年
森田琢夫『万人のための論語読本』東京図書出版会、二〇〇三年
諸橋轍次『論語の講義（新装版）』大修館書店、一九八九年
山本七平『論語の読み方』祥伝社、二〇〇八年
湯浅邦弘『諸子百家』中央公論新社（中公新書）、二〇〇九年
吉川幸次郎『論語（上・下）』朝日新聞社（朝日選書）、一九九六年
和辻哲郎『孔子』岩波書店（岩波文庫）、一九八八年

# あとがき

私は学生時代に『論語』を教わったことはなかった。何しろ私の中学・高校生時代はいわゆる戦後すぐで、まだ教科書が満足に整備されていなかったから、各教科とも担当の教師が自分でえらんだテキストを使うことが多かった。中学には漢文という科目があって、そこでは『十八史略』を学んだが、孔子が出てきた記憶はない。しかし、漢文は決して嫌いではなかったから、ごく自然に自分で『論語』を読み始めた。もっとも、本格的に『論語』に取り組んだのは、せいぜいいまから二十年前ぐらいからのことである。

自分だけで読んでいるのが惜しくなり、いろいろな機会を見つけては講義する癖がついた。経営助言をしていた証券会社では、役員会の後で『論語』をテキストにして役員研修をした。また奈良市の教育委員を拝命してからも、会議の終わりに少し時間をもらって講義したこともあった。そのうちに、『論語』を学校現場の教員にも親しんでもらいたいとの欲求がふくれあがり、少しずつ書き始めてできたのが本書である。ところが『論語』や中国古典思想は私の専門分野ではないため、諸先達の訳書や解説書のご厄介にならざるをえなかった。また学校現場のことを十分に知っているわけでもない。だから思わぬ誤解をしているかも知れない。そこで書き終えた原稿を奈良市立若草中学校長の森井弘先生に見てもらい、先生から有益な助言と励ましの言葉を頂いた。この場を借りてお礼を申し上げたい。

もうひとつ、出版元をどこにお願いしようかと迷った末に、これまでにも私の専門領域の本を出して下さったことがある萌書房の白石徳浩社長に恐るおそる声を掛けたところ、二つ返事で引き受けて下さった。まことに有難いことである。これで本書刊行の目処がついた。あとは野となれ山となれで編集スタッフに迷惑をかけながら、何とか出版に漕ぎつけることができた。さらに読者の方がたから忌憚のないご意見やご叱正を頂戴できると有難いと思う。

二〇一一年九月

著　者

■著者紹介

杉 江 雅 彦（すぎえ　まさひこ）

現在，同志社大学名誉教授。商学博士。

専門はミクロ経済学，金融論。リスク資産市場研究の第一人者。経済専門紙誌などにコラムを執筆するなど，マネーエッセイストとしても活躍。また2002年から奈良市教育委員（うち3年は委員長）として教育行政に携わる。

論語に学ぶ教師力

2011年11月30日　初版第１刷発行

著　者　杉 江 雅 彦

発行者　白 石 徳 浩

発行所　有限会社 萌《きざす》 書 房

〒630-1242　奈良市大柳生町3619-1

TEL（0742）93-2234 / FAX 93-2235

［URL］http://www3.kcn.ne.jp/~kizasu-s

振替　00940-7-53629

印刷·製本　共同印刷工業・藤沢製本



ISBN 978-4-86065-062-9